ヘルシンキに映える「絆」という文字

①この日を待ちに待ったフィンランド人の若者たちと共に
②お神輿を担ぐことへの憧れと誇りを胸にするフィンランドの仲間
③フィンランドの小さな街に保存されたお神輿は、次の機会を静かに待っているよう
④高潔な日本の美が世界を魅了する瞬間

⑤都田にあるドロフィーズキャンパス（フィンランドヴィレッジ）には、
心がきれいになる何かがある気がする
⑥空間、音楽、そしてコーヒー……美のかけ算が暮らしの上質さを誘う
⑦フィンランドの若者が都田で暮らす日常。優しい笑顔が絶えない空気感

⑨

⑧

⑧スローでクリエイティブな表現が与える美への憧れ感
⑨フィンランドの若者が日本でおもてなしを学び、その心に触れているドロフィーズ・カフェ
⑩この都田という場に、なぜ人は惹きつけられるのだろうか

⑩

フィンランドでお神輿を

新しい価値を生み出す場づくりの教科書

株式会社都田建設
代表取締役社長
蓬台浩明 Hodai Hiroaki

プレジデント社

はじめに

「御社が取り組まれていることをイノベーションの一つの事例として、本を書いてみませんか」

出版社の編集者の方からこのようなご提案をいただいたのは、昨年夏頃でした。共著を含めすでに7冊の著書を出しており、執筆そのものは大好きだったので、ありがたいお話とは思いましたが、「イノベーション」というテーマに正直戸惑いを感じました。

私が経営しているのは、静岡県浜松市北部の都田《みやこだ》という地にある建設会社です。別にITやAI（人工知能）などのハイテクを研究開発したり仕事で使用したりしているわけではありません。また、メディアが取り上げるような先進的な働き方改革を実践しているわけでもありません。そんな私に「イノベーションをテーマに本を書いてほしい」とはどういうことなのか、と思ったのです。

その編集者は企画の意図をこのように説明してくれました。

「浜松のローカルな建設会社が地元につくったフィンランドヴィレッジと呼ばれる場所に、近隣から多くの人々が毎週訪れている。また、フィンランドにお神輿《みこし》を寄贈して現地の人々とイベントを行ったり、日本に留学生を招いたりするなどの交流活動を、行政の支援などを受けずに独自に行っている。普通の企業なら絶対こんなことをやれない。これも立派なイノベーションですよ。そのようなことを実践可能にする〝場づくり〟の取り組みについて書いてください」

説明を受けて「なるほど」と思いました。別に「イノベーション」などと大仰《おおぎょう》なことを考えているわけではありませんが、私と社員一同は明確な価値観を持って、日々の仕事に取り組んでいるからです。

その価値観は本書で少しずつお話ししていきますが、**「社風力」「高潔な会社」「譲れば叶う」という言葉に集約されます**。私たちが「働き方改革」や「ワークライフバランス」「ティール組織」などといった近年注目されているキーワードよりも大切にしているものです。それを「イノベーション」と呼べるかどうかはともかく、社会に対して自分たちの価値観を伝えたいという気持ちは強くありました。

また、昨年は元号が平成から令和に変わりました。令和が始まったのは5月1日です。奇しくも、その17日後に、私たちはフィンランドと日本の国交100周年を祝う盛大なイベントのひとつとして、現地の人々と共にお神輿を担いだのでした。

日本における時代の変わり目の年。そして日本とフィンランドの国交100周年という節目の年。私には両者が重なったのは、偶然とは思えませんでした。そのときに感じた念《おも》いを書き留めておきたいと強く思いました。

「猫も歩いていない」と揶揄《やゆ》された**日本の小さな田舎の企業が育む「社風力」が、そのまま北欧の国フィンランドに渡り、両国の国交100年を祝うイベントにて、首都ヘルシンキのメインストリートで数千人が「ONE TEAM（ワンチーム）」となった。**そんな画期的な出来事に至るまで、私自身がこれまでの人生経験のなかで磨いてきたもの。そして、**「場づくり」について、ライフスタイルと仕事を一致させ、人生を豊かに生きるヒントなどを書き留めておきたいと強く思いました。**

これまでの人生で起こったことはすべて深い学びがありました。人生の課題は、ベストのタイミングで目の前に現れていたのです。

したがって、『フィンランドでお神輿を』というタイトルに惹かれて本書を手に取った方々には申し訳ありませんが、この本はフィンランドの文化や歴史について書いたものではありませんし、私たちがフィンランドで行ったお神輿のイベントの様子をメインのテーマとして紹介する内容ではありません。

実践からのものごとの捉え方、自らの価値観を育む視点について、前半部分では、私の幼年期と青春時代、そしてがむしゃらに成果を追い求めて働いた社長になるまでの出来事をお伝えしたいと思います。そして、後半では、今、同じ念いで志を分ち合える仲間たちとの日々の実践、そして人が本気で生きる美しさによって生まれる「場づくり」について書かせていただきました。

もちろん、フィンランドという国は、**「丁寧な暮らし」「寛容な社会」「小さいことに意味を込める」など、私たちが大切にしている価値観と共通する部分をたくさん持っています**。そのことについては本文で適宜触れていきます。

そして、私がチームの先頭に立ってさらにその先に目指すものをお伝えしながら、私にとっての「フィンランド」を、**読者のみなさまにとっての「〇〇」に置き換えていただくことで、新たな時代を自ら再定義していただきたい**と思います。もしくはあなた自身が世の中を見るフレームワークを大きく変え、イノベーションを起こす実践のヒントになればと願っています。

本書の執筆にあたっては、編集者の方から「蓬台さんがなぜこのような考えを持つに至ったのか、ご自身の幼少期のエピソードから語っていただけませんか」というアドバイスもありました。

自らの経験について今まで人に語ることがなかったことを、この出版を機に改めて掘り下げて文章化するのはむず痒《かゆ》い気持ちがしたのが正直ですが、その反面、多くの方々との出逢いとご縁に対する強い感謝の気持ちと、これからの実践で恩返しをしたいという気持ちの両方が溢れました。

この本を手にしている方の多くは、地域創生、会社経営、リーダーシップなどで悩まれている方々だと思います。私も散々悩みましたし、今実践していることが、他の方々や別の地域でも有効なのか、正しいのかどうかは正直わかりません。

ただひとつ言えることは、**いわゆるビジネス書に書いてあるノウハウや、ビジネススクール的な手法で行き詰まっていたり、うまくいっていない方にとって、私たちの**

取り組みが何らかのヒントやきっかけを与えられるのではないかということです。

そして変わったその先に、私たちがフィンランドのお神輿イベントで見せたような、多くの人々の笑顔と「ありがとう」の言葉が飛び交う、幸せな場があるのではないか。そんな場が増えることを願い、この本を書くことにしました。

本書で書いたメッセージが、みなさまにとって何らかのヒントを提示するものであるならば、こんなにうれしいことはありません。

２０２０年１月吉日

蓬台浩明

Chapter 4 生きがい・幸福感を育む場の要素

Chapter 5

譲れば叶う

首都ヘルシンキのメインストリートで世界が一つになった……

上　ヘルシンキ近くの広い空と美しい湖
下　アルヴァ・アアルト自邸の美しいデザイン

Prologue

フィンランドでお神輿を担いだ日

ヘルシンキに映える「絆」という文字

１２０名が終結

「わっしょい！　わっしょい！」

威勢のいいかけ声と満面の笑みを浮かべた大勢の人たちが、お神輿を担いでいます。子どもやお年寄りなど体力的にお神輿を担ぐことが難しい人たちは、お神輿を先導するロープを引いたり、太鼓を叩いたりしています。

この日、お神輿を担ぐために集まった人たちの数は総勢約１２０名。その内訳はフィンランド人と日本人がおよそ半々です。フィンランド在住の日本人のほかに、このイベントに参加するために日本からわざわざフィンランドを訪れた人たちもいます。

参加者はみな、いわゆる「フィンランドカラー」で彩られた水色と白色のハッピをまとい、ハチマキをビシッと締めた出で立ちです。ハッピの背中には「絆」という漢字に加え、「絆」をフィンランド語に意訳した「Ritosu（リートス）」という文字が見えます。

参加者全員がひとつのチームのように息を合わせて、お神輿を担いでいる姿はまさに「圧巻」「感動」「驚き」です。さまざまな感情が参加者の笑顔とともに、私の脳裏に鮮明によみがえってきました。

改めてご説明しますが、ここは日本ではありません。フィンランドの首都ヘルシンキのエスプラナーディ通り、東京でいえば銀座に相当するメインストリートです。しかも今日は人が多く集まる週末です。地元メディアによると、見物客は5000人以上。警察に申請して、ふだんであれば大勢の人たちが集まる場所の道路の片側だけを歩行者専用、お神輿専用道路にしてもらい、実現したイベントでした。

お神輿が目指す先は国立博物館です。道のりは約2キロで約1時間半。道中には世界各国の料理を提供する屋台が軒を連ね、そのなかをお神輿を担いだ大勢の日本人とフィンランド人が「わっしょい！　わっしょい！」のかけ声とともに練り歩いていきました。

堂々たるお神輿の迫力と「わっしょい！」というかけ声に影響されたのでしょうか。屋台を出している店主たち、食事をしているお客さんたちも一緒になって、「わっしょい！」というかけ声で盛り上げてくれます。

そして、お神輿が通りやすいように、自分が腰かけている椅子を移動してくれるなど、道を空けてくれる姿も見られます。お神輿に参加したメンバーだけでなく、その場にいる人たちすべてが仲間のような、まさに日本のお祭りで感じる雰囲気のなか、お神輿はゴールである国立博物館を目指しました。

気がつけば、お神輿の後ろには「何か面白そうなことをやっている」と興味津々な地元の人たちがついてきています。もともと日本に興味を持っているフィンランド人、日本が大好きで今日のイベントでお神輿を担ぎたくて仕方のないフィンランド人、現地で暮らす日本人たちが大勢連なっていました。その行列の長さはなんと500メー

奇跡のような時間を噛み締めながら前へ前へ

トル以上です。

お神輿のまわりは総勢数千人がつめかけるという大賑わいで、日本の文化を象徴するお神輿をスマートフォンで撮影する人たちや、その様子を取材する地元メディアの姿も多くありました。

日本とフィンランドの国交100周年イベント

浜松にあるローカルな建設会社である私たちが、なぜフィンランドでお神輿を担いでいるのか？　詳しいことはこれから説明しますが、私たち都田建設の社屋及びその周辺は、近年「フィンランドヴィレッジ」と呼ばれるようになっています。フィンランドを中心とする北欧の文化、芸術、スローライフなどを体感できる場として、週末ともなると近隣から大勢の人たちが訪れます。

2017年には浜松フィンランド協会を設立。北欧が好きだったり興味を持っている日本人、逆に日本文化に興味を持っていたり日本が好きなフィンランド人双方の交流の〝場〟になっています。

そんなご縁で、私自身、フィンランドをはじめとする北欧諸国に何度も足を運び、現地で暮らす日本人と交流を深めていきました。

そして3年前の2017年にフィンランドで行われた新年会でのことでした。現地で暮らし、日本人会会長を長年にわたり務められた冨田憲男さんが突然、「フィンランドに恩返しがしたい。お神輿を担いで寄贈したい」と私に相談されてきたのです。

詳しくお話を聞くと、日本が好きなフィンランド人は神社や祭など日本の伝統的な文化にも興味を持っていること、現地で生まれ育った日本人の子どもたちは本物のお神輿を見たことがないということでした。みんなでお神輿を担ぎ、喜び、感動することで、これまでお世話になったフィンランドへの恩返しがしたいということだったのです。

そして、2年後の2019年は日本とフィンランドの国交100周年の年であり、その記念イベントとして、ぜひやりたいんだということだったのです。

私は建設会社の社長ではありますが、お神輿については小さいころに担いだ程度の記憶しかなく、神様が神社から出かける際の乗り物ということしか知りませんでした。

しかし、冨田さんの「**フィンランドに恩返しをしたい**」との念いに強く心を動かされ、

「ぜひ、やりましょう」と答えたのです。

こうしてフィンランド・日本国交100周年記念「フィンランドでお神輿を一緒に担ぎましょう!」イベントが始まりました。

東日本大震災で行き場を失ったお神輿を活用

しかし、話はそう簡単ではありませんでした。

自分たちでお神輿をつくってみよう。当初、私はそう考えました。都田建設には日本で有数の腕前を誇る宮大工《みやだいく》の棟梁《とうりょう》がいる。その棟梁にお願いすれば、きっとつくってくれるだろうと。しかし、浅はかな考えでした。

棟梁に聞いてみると、宮大工は神社や仏閣といった大型の建築物をつくるのが専門であり、お神輿のように小型で、かつ加工や装飾に手の込んだものは指物《さしもの》職人の範《はん》疇《ちゅう》だというのです。それでも、うちの棟梁はかなりの腕がありましたから、「つくれなくはないが、5年はかかる」という返答でした。5年では、2年後のイベントには間に合いません。

さて困りました。「やりましょう！」と答えてしまっていた私は、いろいろな人に相談しました。でも、お神輿をつくることに詳しい人がそうそういるわけではありません。半年間、ひとりで悩んでいましたが、「フィンランドに必ずお神輿を届ける」という気持ちはずっと持ち続けていました。すると、ある情報を得ました。2011年の東日本大震災で行き場を失ったお神輿があるというのです。

詳しく話を聞くと、お神輿をつくっている途中で震災が起き、行き場所をなくし、そのまま部品だけの状態で保管されているとのことでした。

私はぜひ、そのお神輿を譲ってほしいと思いました。同時に、お神輿を専門に手がけている職人を探し出したところ、群馬県前橋市にいることがわかりました。すぐに駆けつけ、計画しているイベントの話をすると、その職人さんは私と同じように大変共感し、「ぜひ、一緒にやりましょう」と言ってくださったのです。そして、本来は1000万円ほどかかる製作費用を破格の値段で請けてくださったのです。

さすがはお神輿を専門に手がけている職人さんです。お願いしてからわずか1年という短期間で無事にお神輿は完成しました。何度も漆《うるし》を重ね塗りした深い色合いに、彫り物や金物などの装飾が美しいピカピカのお神輿が都田に届いたときは、私はもちろん、社員一同深く感動したと同時に「これで約束を果たせる」と、一安心したものでした。

お神輿を送ってお役御免ではなかった

ところが、私の役目はそこで終わりではありませんでした。現地にお神輿を送ったはいいものの、その後のイベント実行に向けての動きが、まさにフィンランドらしさそのもの、まったくもってスローだったのです。

「このままではイベントそのものが失敗する」。心配になった私は、それまで何度かフィンランドを訪れているうちに親しくなった、現地でフィンランドと日本との関係を丁寧に築き続けている3名の日本人に声をかけ、なんとか手伝ってくれないか、とお願いしました。

すると「ぜひ、やりたい」という協力者がさらに4名集まりました。いずれも長年日本とフィンランドの間で絆を深めてこられた方々です。スケジュールを作成・管理してくれたり、ボランティアを集めてくれたり、お金の管理をしてくれるメンバーです。

当日のイベント参加者に配るおにぎり約400個を握ってくれる女性たちまで集めてくれました。**皆が自分の得意なことで自ら感じ、考え、動くという姿勢で協力してくれたのです。**

私は日本にいますから、当然ながらやり取りはオンラインです。ときには1日に50回以上SNSのグループでコミュニケーションをとり、なんとかイベントを実行できるというところまで持っていきました。

私は、**場づくりやチームビルディングにおいては、メンバーそれぞれの能力が重なり合うと、足し算ではなく「かけ算」の力を発揮する**とよく言っています。また、そのような組織を目指しています。まさに今回のお神輿プロジェクトでは、この「かけ算」の力が発揮されました。**念いに共感し、連動して物事が動いていったのです。**

そうはいっても、やはり成功するかどうか不安でした。そこで都田のフィンランドヴィレッジで日々「社風力」を磨いている当社のメンバーを連れていけば、成功に導けるのではないか、都田建設のチーム力を発揮すればできるのではないかと考えました。

少し生意気な言い方をすれば、わが都田建設のチーム力をフィンランドの人たちに見せてやろう。そのような念いもありました。

本書のテーマである、**「場づくり」「チームで何かをやる」**ということに、私たちはふだんから意識して取り組んでいるからです。

ただし、そのときはまず、何か力になりたい。イベントを成功させて、先の冨田さんの念いに応えたい。そのような気持ちがとても強かったのが正直なところです。

そうしてイベント開催の5日前、都田建設の幹部社員20名と共に現地入りしました。現地でがんばっていた準備メンバーとも合流し、いよいよイベント前日、最終確認を兼ねて当日にお神輿を担ぎながら練り歩くルートをみんなで下見に行きました。すると前述したような多国籍料理の屋台があってびっくりしたのです。

事前の打ち合わせでは、お神輿が通りやすいように私たちだけの専用道路になるはずでした。しかし、そこはやはりフィンランド、おそらくダブルブッキングだったのでしょう。でも、屋台はもう仮設されています。別のルートを通ることも考えまししたが、今からでは道路閉鎖の許可が下りないとのことで、結局、冒頭で述べたように屋台の間をすり抜ける形となったのです。

国立博物館前で万歳三唱

このように前日までバタバタのトラブル続きでしたが、結果は先のとおり、大成功で終わりました。屋台の店主たちも、食事をしているお客も一緒になって、「わっしょい！」とかけ声を出してくれたり、道を空けるなどして、お神輿イベントに協力してくれました。それが結果的にお祭りムードを高め、**日本とフィンランドだけでなく、多国籍の「世界がひとつ」となる場が自然にできたのです**。何より一緒にお神輿イベントを楽しんでくれたことが、とてもうれしかったです。

そして、ゴールである国立博物館に到着すると、参加者はもちろん、まわりに集まった大勢の観客全員で今度は両手を大きく上にあげて、「バンザ〜イ！」と万歳三唱。イベントが終わっても、多くの人たちが帰ろうとせず、お神輿をバックに記念写真を撮ったりしていました。日本人、フィンランド人関係なく「イベント、楽しかったね」「素敵な機会をありがとう」など声をかけあいました。おそらく言葉はお互いに理解していなかったでしょうが、まさに以心伝心。みな目をキラキラ輝かせ、お互いにイベントの成功を称えていました。

本書のテーマで言えば、まさにフィンランドと日本がひとつになった場が、そこにはありました。


そもそもフィンランド人は日本人と同じくシャイな性格の人が多いのです。「わっしょい、わっしょい！」と陽気に声を出すことは、私がふだん会っているフィンランド人からは想像できません。

もうひとつ、フィンランド人は日本人とは対照的に個人プレーを好むため、今回のように大勢の人が集まってひとつのことを成し遂げたり、日本人らしいチームプレーやチームワークをすることがそれほど得意ではないと思いますし、また好きでもないと思います。

しかし、お神輿イベントで見た彼ら・彼女らは、私がこれまで抱いていたフィンランド人のイメージとは違う姿でした。

フィンランドでは、さまざまなイベントが行われています。奥様運び世界大会、ベリー摘み世界選手権、携帯電話投げ世界選手権、長靴投げ大会など、どれもこれもユニークなイベントばかりです。

イベントを楽しむことはもちろんですが、フィンランド人の多くは、イベントの前後に行われるパーティーなどで参加者との交流を楽しんでいます。

つまり、一見、シャイで個人プレーを好むように見えるフィンランド人ですが、本来はとても社交的で、コミュニケーションが好きなのです。そして、そんなフィンランド人を見ていると、まるで日本人と同じだと、私は思わずにはいられません。

また、これも本文のなかで詳しく紹介しますが、都田建設では週に一度、チーム力を高めるために1時間のバーベキューランチを行っています。そのバーベキューランチに、最近はフィンランドからの留学生を招くことがあるのですが、その場でもシャイで消極的なフィンランド人はあまり見られません。

おそらく〝**場**〟**の持つ力が、彼・彼女らを変えたのだ**と私は考えています。

シャイな人でも、自ら飛び込んでみたい、思わずポジティブになってしまう。そんな場があれば、どんな人でも楽しく、充実した時間や毎日が送れるのではないでしょうか。

人生100年時代、私もそろそろ折り返し地点です。今でこそ建設会社の代表を務めていますが、将来何になりたいのかわからず、幼少時代から大学生のころまで、あれこれと悩んでいた時期が長くありました。

海外に行けば何かあるのでは。そう思い、20代前半、ある海外の街に1年ほど滞在していましたが、それでも自分が何をやりたいのか、将来何をしたいのか、その答えは出ませんでした。

ただ、それまでの日本での暮らしや日本人から感じることのなかった、**現地の人々の価値観、家族はもちろん他人に対する愛情の深さ、仕事とプライベートのバランスを意識したライフスタイル、自然や街の美しさなど、さまざまな異文化に触れたことは、今の私の人生観に大きく影響していることは間違いありません。**

その後、私はその街で見たような街並みをつくりたいと、建設業界に進みました。しかし、当初はうまくいかず、**多くの失敗や挫折を経験し、今に至ります。**

そして、ここ数年でようやく、会社経営をしていく上で、組織をまとめていく際に重要なことは何なのかについて、おこがましいですが、自分なりの明確な答えを持てるようになってきました。

また社長業のかたわら、ひとりの人間として約20年間に世界300以上の地域を旅し、自分自身と向き合い考えてきたことで、私は**「夢」「愛」「自由」「仲間」「信頼」「誇り」といったキーワードが、自分の生き方の根幹にある幸せだと気づきました。**

これらのキーワードが形になったのが、今の私自身の生き方であり、都田のフィンランドヴィレッジこと、ドロフィーズキャンパスなのです。

では、次の章から、私が都田とフィンランドでなぜこのようなことをしているのかについて、私の幼少時代にまでさかのぼってお話ししたいと思います。しばしおつきあいください。

遊び場であった裏山からの夕焼けの風景が好きだった

Chapter 1

未来を拓くための「育った場のとらえ方」

上　育った場所は毎日が冒険だった
下　パースで刺激を受けた美しい街の風景

無邪気な冒険心の原点

和歌山のみかん農家で育つ

山の中腹から眼下に流れる雄大な川。その川の流れやまわりの街並み、山の様子といった風景をのんびり眺めたり、ときには風景を絵に描いてみたり、山のなかを友だちと走り回って遊んだり。

私が生まれ育った故郷は、いわゆる地方の田舎町です。会社がある都田に近いような、自然あふれる、今風の言い方をすればスローな、のどかな空気が流れる場所でした。

場所は和歌山県。先の川は「紀の川《きかわ》」と言い、私の故郷はその川の中流にある龍門山という山の中腹あたりです。山の中腹、高台に位置する町でしたから、先のような雄大な景色がいつでもある、また山に囲まれた、自然が当たり前の中で育ちました。

紀の川では鮎が獲れ、その鮎を焼いて酢飯の上に重ね柿の葉で包む、柿の葉寿司のような鮎寿司が地元の名産品です。私の母もよく作ってくれました。焼いた鮎の香ばしさと酢飯の酸味のバランスがなんとも絶妙で、今でも故郷に帰ると必ずと言っていいほど食べる懐かしの味です。

家は代々続くみかん農家で、暮らしていた建物は築120年以上経っている、いわゆる田舎にある大きな木造住宅です。土間があり、数多くの部屋が障子や引き戸で仕切られている、田の字型の造りでした。

自然から多くのことを学んだ

山や川といった自然に囲まれて暮らしていましたから、遊び場も当たり前のように自然のなかでした。

学校は山の麓の町にありましたから、通学のために毎日山を降りていかなければなりません。行きはさすがにまっすぐ学校に向かいますが、**帰りは時間の制約がありませんから、もう毎日が冒険のようなものでした**。いや、探検と言ったほうが正しいかもしれません。

「今日はこっちの道を通ってみよう」「明日はあの山に行ってみよう」。一緒に下校していた友だちと、毎日のように通学路を変えては自然のなかを歩き回っていました。よその畑の真ん中を通ってみたりもしました。

探検の楽しみのひとつに、野イチゴやミカン、柿など、自然の恵みをいただくこともありました。もちろん、ミカンや柿は地元の農家が育てていたものであり、本来は勝手に食べていいわけがありません。でも農家の方も地域の大人も、特に私たちを叱るようなことはありませんでした。おそらく今同じことをしたら、問題になるでしょう。そもそも今は囲いなどがされ、ミカンの木などに触れることもできないのではないでしょうか。

一方、フィンランドでは、幼いころの私が経験した自然の恵み、ベリーやキノコをみんなが自由に穫って食べている光景が、今でも当たり前に見られます。これは正確な情報ではないかもしれませんが、国が森に入ることも含め、森はみんなのものであり、自然から得られる恵みは全国民が享受できると、法律として定めているようなのです。

日本では薄れてしまった「寛容性」が、フィンランドでは今でも残っていると私は感じています。

友だちのなかでも、私は特に冒険心が強かったように思います。というより、まわりから羨望《せんぼう》の眼差しで見られることに喜びを感じるタイプでした。だから、とにかく目立つことばかりしていました。田んぼのあぜ道に穴を掘って罠をつくり、友だちを待ち伏せして落としてみたり。川に入り、泳ぎ遊びもよくしていました。

今思えば本当にくだらないことですが、橋の上から傘をパラシュート代わりにして、飛び降りたこともありました。それもわざわざ人が大勢いる日を選んで。

1本の傘では無理だとさすがに思ったのでしょう。2本の傘を持ち、友だち大勢が見守るなか、エイッと空に向かってダイブしました。

自分のイメージでは、マンガのようにヒラヒラと下の川岸まで降りていくはずでしたが、実際はそのまま一直線に川へ落下。幸い大したけがではありませんでしたが、2本の傘は壊れてボロボロになりました。

しかも川にダイブしたことが学校にばれて、後日、担任の先生からはこっぴどく叱られました。


「**サウナ王国**」と呼ばれるフィンランドは、国民約551万人に対し、サウナの数は300万以上あると言われます。つまり2人に1つ以上の割合で、サウナがあるというわけです。そのため、家に浴槽はなくてもサウナはある家庭が大半で、アパートなどには住人が共用で使えるサウナが当たり前にあります。

汗を流したり、一緒に入った人とのコミュニケーションもサウナの楽しみですが、サウナには別の楽しみ方もあります。それはサウナを出た後の「ダイブ」です。そして、このダイブは、私が幼いころに体験した川へのダイブと、同じような感覚を味わえます。

具体的にはサウナから飛び出し、サウナで火照《ほて》った体を、湖や海、冬の場合には雪に向かって裸のままダイブするのですが、これが本当に気持ちがいいのです。

実際に体験してみないとわからないと思いますが、私の幼いころの体験と同じ、自然に身を委ねているような感覚が味わえます。

自然との接し方でも、日本とフィンランドでは異なると感じることがあります。先の寛容性の話にもつながりますが、湖に飛び込むことを禁止する人がいないことです。日本では幼いころの私がそうであったように、川や海に飛び込むことは禁止されている場所が大半ですし、そもそもダイブできないように、柵などを設けている場所も多いと思います。

事故などが起きたときに、国や自治体が責任を問われることを恐れての措置とも言えます。でもフィンランドでは、実際にサウナのダイブで亡くなった人の話を聞いたことはありません。仮に事故があったとしても、そこは**自己責任という考え**。そしてそのような国のあり方や考えに、異義を唱えるフィンランド人もいません。

夏の恒例行事であった、家族旅行も楽しみでした。

家から車で数時間の距離にある、日高郡由良町にある小さな入り江に毎年行きました。そこでの冒険も、強い思い出として記憶に残っています。

いわゆる観光地ではない場所でしたから、300メートルほど続く白い砂浜は、ほぼプライベートビーチ状態です。ビーチの端には大きな岩があり、私はその岩に登り、先端から海に向かってジャンプしました。海のなかに飛び込むと、テレビや映画で見るような色鮮やかな熱帯魚がたくさん泳いでいる自然の楽園が目の前に広がっていました。

水は透き通り、波も穏やか。私は海の上をプカプカと浮かびながら、熱帯魚を眺めたり、ときには水中深くまで潜って熱帯魚を捕まえようと追いかけてみたり。体力の続く限り1日中、大好きな家族や友だちと一緒に、大自然のなかでのアドベンチャーを満喫していました。

夏の思い出はまだあります。夜になると満点の星空が見たくて、庭にデッキチェアを置き、椅子に寝転びながらふとんをかぶり、朝まで空を眺めていたことです。

あたりに大きな明かりはありませんでしたから、多くの星が見えました。流れ星もたくさん見ました。

眼下の川のほうに目をやれば、そちらには民家の灯りがポツポツと光っていました。夜景とまでは言いませんが、その民家の灯りも星空を眺めているのと同じく、私の心を落ちつかせてくれました。

私は夜景や星空を眺めながら、将来の夢、やりたいこと、どんな大人になりたいのかについて、答えは出ませんでしたが、あれこれ考えていました。**自然豊かな環境に身を置き考えを巡らすことが好きだったのだと思います。そしてこのような思考性は、今でも変わりません。**

実際、**今でも時間をつくっては大自然の中に身を置き、幼いころに育まれたであろう私の感性を再確認するような時間を意識的につくる**ようにしています。原点である故郷にも、年に4~5回は帰郷しています。

地球環境を守る活動に積極的に取り組む

私はその後故郷を離れ、静岡、千葉、東京へと移り住みました。すると改めて故郷の自然や環境が、いかに恵まれていたかを知るようになります。同時に「自然を大切に守らなければいけない」と強く思うようになりました。

このような念いから、都田建設では地球温暖化の原因とされる二酸化炭素削減など、さまざまな環境活動に取り組んでいます。

オフィスの電力も含め、ドロフィーズキャンパス内で使用しているあらゆる電力はグリーン電力など、100%再生可能エネルギーを使用しています。

私たちが手がける住宅においても、材料や資材はもちろん、建設工事中、なかに置くインテリアや設備、リフォーム工事、最終的な解体に至るまで、**あらゆる段階において二酸化炭素排出量のゼロ、カーボンニュートラル、カーボンオフセット完全ゼロを徹底しています**。

木材の量で置き換えれば、約2万1500本もの杉の木を植えたのと同じ価値の二酸化炭素削減を実現しています。

このような取り組みが評価され、私たちは2014年から6年連続で、環境省から「カーボン・ニュートラル認証」を取得。日本には約500万もの会社があると言われますが、6年連続して同認証を取得しているのは、わずか2社のみです。それも大企業ではなく中小企業である私たちが取得していることに、大きな意義があると考えています。

環境意識が高いフィンランドでも、カーボンニュートラルへの取り組みは行っていて、2030年までに達成するという目標を掲げました。そしてあるとき、日本にいるフィンランドのペッカ・オルパナ大使に私たちの取り組みや先の実績を話したところ、「大変興味がある」とおっしゃっていただき、目標を達成しているノウハウや実際の現場の取り組みを見たいと、フィンランドから環境大臣が来日した際には、一緒に都田のドロフィーズキャンパスを視察すると約束してくれました。

浜松の田舎にある**小さな企業の活動でも、ひとつの国に影響を与え、力になれる**かもしれない。また環境への取り組みについて、私たちがフィンランドから学んでいることも大いにあるため、なんとも感慨深い気持ちを抱かずにはいられませんでした。

ドロフィーズキャンパスではそのほか、環境への取り組みを積極的に行っている企業の認定制度「エコアクション21」も、今から10年以上前に取得しました。

世界をより良くするために、世界中の人が取り組むべき目標として**国連が掲げている指標「SDGs」（持続可能な開発目標）にも共感し、実践しています。**私が幼いころしていたように多くの家族が森で遊び、自然から学べる場づくりの支援として、森の再生事業や絶滅が心配されている海ガメの支援活動などにも取り組んでいます。

上　絶滅危惧種アカウミガメを応援する放流会
下　生命の力に触れる瞬間。その感覚は生涯忘れないだろう

人生初のチームプレー

大好きな仲間と本気で取り組む

幼いころは野球に夢中になりました。最初は父親が好きで始めたのですが、やってみるとエースでキャプテンになるなど、それなりに活躍できましたから、楽しかったです。お調子者でもありましたから、まわりから「すごい」と言われるのが、気持ちよかったのだと思います。

学校から帰ってきて家の手伝いがないときは、家の前にある壁にボールを投げて、戻ってきたボールをキャッチする。そんな練習を、毎日毎日日が暮れるまで延々とやっているほど熱中していました。

少年野球からは、今につながるいろいろなことを教わりました。まずは「本気で取り組む」ことです。

小学4年生のときでした。私は年上の5・6年生チームに混じって、夏の最後の大会に出ていました。決勝まで行ったのですが、残念ながら負けてしまいました。するとふだんはニコニコ笑っている上級生が、大きな声をあげて泣き出したのです。特に、その試合が最後になってしまった6年生の泣きっぷりは、半端ではありませんでした。

私はそれまで、何かに対して本気で取り組むこと、悔しくて泣くような経験はありませんでしたから、かなりの驚きでした。同時に、**「本気でやるって楽しい」とも感じました**。そして、その日を境に、私は野球に限らず、何事に対しても本気で取り組もうと決めたのでした。

本気で取り組んだ結果、負けた。だから悔しい。でもそれだけの涙ではなかったように思うのです。長い間、一緒に野球をやっていた仲間と、今日を最後に別れなければいけない悲しさ。そんな思いもあったように感じたからです。

都田建設の核の部分である、全メンバーが同じ目標を持って取り組むことの重要さも、あの日の上級生の涙から学んだように思います。仲間って素晴らしい、楽しいという念いもそうです。

このような経験があるからこそ、私は会社の代表ではありますが、「自分はリーダーで、従業員は私の言うことを聞いていればいい」という考えは一切ありません。従業員のことは、都田建設及びドロフィーズキャンパスで成し遂げたい共通の目標を一緒に実現していく仲間だと考えているからです。

実際、私は「俺が俺が」的にグイグイ引っ張っていくようなリーダーシップはとれません。**一人ひとりのメンバーの個性や夢を大切にしていますし、そんな個が集まることで、組織は足し算ではなく、かけ算的な力を発揮するのだと思っています。**

逆に、だからこそ、先ほどの目的・情熱の話になります。ひとりでも異なる目的を持つ者がいたり、情熱の乏しい者がいると、チームはうまく機能しません。この内容については後でも詳しく触れます。

小さい組織が大きな組織に向かう

私が所属していたチームは、決して弱小ではありませんでしたが、いわゆる強豪校でもありませんでした。何より部員全体の数が少なかったのです。

一方、隣町の小学校のチームは、メンバー数も多く、全国大会に出るような強豪校でした。うまい子も大勢いて、彼らから見たらうちのチームはへなちょこに見えたと思います。

でも、そんな小さなへなちょこチームが、私は好きでした。少数精鋭ではないですが、人数の小さい、それほどうまくないメンバーが集まったチームだって、やり方さえ工夫すれば人数の多い強豪校に勝てるのでは、いや勝ちたい。そんな**「小よく大を制す」の精神が好きだったからです**。実際、先に書いたとおり決勝まで勝ち上がりました。

この「小よく大を制す」の精神は、その後の私の人生のなかでも心の核にあったように思います。

大学を卒業して新卒で入った大手ハウスメーカーでは、皆が横一列で画一的な価値観を持つことが当たり前の感覚や空気感で、そのような環境に居心地の悪さを感じていたからです。

逆に今の都田建設のように、小規模でもそれぞれの個性が強く、目がキラキラしているメンバーが大勢いるチームが好きだからです。

また小さなチームが大きなチームを倒したり、大きな組織に影響をおよぼしていく。そのような流れが私は好きなのだと思いますし、これからも変わらないでしょう。

「小よく大を制す」の考えを、私はフィンランドからも大いに感じていますし、学びも得ています。それは、小さいながらに尖っていながらも、海外の大国を制するというよりも、導いたり包み込むような感覚を覚えるからです。

言い方を変えれば、**「小さい」という特徴を活かすことで、世界に影響を与えることができ、かつ世界のモデルにもなり得る**のだということです。

都田建設も同じく、他の企業を制するというよりも、先の環境への取り組みなど良き影響を与えることで、業界全体ならびに、日本という国を暖かく包んでいきたい。

フィンランドの取り組みやグローバルにおける活躍を見る度に感じています。

小さなミスや失敗でくよくよしない

小学生のときはチームのメンバーも少なく、もともと仲良しの集まりだったこともあり、楽しく、自由にやれていました。ところが中学生になると、環境はがらりと変わりました。先ほど書いた隣町の強豪チームのメンバーと同じ学校になったからです。部員の数は一気に増えましたから、レギュラー争いは小学生のころとは一転、熾烈《しれつ》になりました。5人が1つのポジションを競い合うこともありました。

そんな状況でしたから、それまでエースで4番、言わば天狗になっていた私の心は、次第に折れていきました。エラーをしたり、なかなか打てない日が続くと「このままではレギュラーになれない」と、気持ちが落ち込んでいくようになりました。

野球における弱気は、日常生活にも影響を及ぼすようになっていきました。いわゆるネガティブ思考になってしまったのです。ちょっとミスをするだけで、「俺はもうダメだ」と、自虐するようになりました。

今考えれば、足はそこそこ速いし、野球センスも悪くない。いいところもたくさんあったと思います。でも当時の自分はマイナスのほうばかりに目が向いてしまっていたのです。「まわりから下手くそだと思われているのでは」と、人と比べ、自分を追い込んでいったのでした。

まわりのメンバーは、私のミスなど大して気にしていなかったと思います。「誰でもミスはするよ」。そんな程度でしょう。実際、そのような声をまわりから多くかけられました。それほどまでに、私のネガティブマインドはひどかったのだと思います。

当時の私のようなネガティブ思考の人は、社会や会社にもいると思います。実際、私の会社にもいます。傍《はた》から見たら大した失敗ではないのに、勝手に失敗だと思っているタイプです。

そのような状態の社員を見かけたら、私は声をかけるようにしています。失敗をうやむやにするということではありません。先に書いたとおり、「〇〇は誰にも負けない笑顔を持っている」など、プラスの要素を認め、伝えるのです。するとネガティブモードからポジティブモードに変わることが多いからです。

まわりのメンバーを見て、腐っているような人がいたら、**声をかけて長所を認めてあげる。そのようなちょっとした行動が、個人はもちろん、組織全体の場の雰囲気を高めるには、大切なこと**ではないでしょうか。

場づくりの原点、人との接し方

笑顔が素敵で、思わず話してみたくなる。会話がいつまでも楽しい。言葉が優しい。接客が気取っていなくて親しみやすい店員さん。何だかわからないけど、一緒にその場にいると居心地がいい。このような人は実際にいると思います。

私はこのようなタイプを「**気立ての良い人**」と呼んでいますが、私の母親がまさにそのようなタイプでした。

たとえば大勢の人が家に集まるとき。準備や段取りの仕方で、その人の人となりがわかるものです。私の母は手料理でもてなすのはもちろん、集まった人が食事を食べ始めたりお酒を飲み始めても、他のメンバーが料理をつくるのをやめてその輪に加わったとしても、最後までコツコツと料理をつくり続けていました。

母はとても明るく社交的な性格でしたから、本心は宴の輪に加わりたかったはずです。でもそれ以上に、「手料理でゲストをもてなしたい」という念いのほうが強かったのでしょう。だから輪に加わるのは、いつも宴が終わる最後のほうでした。

輪に入ってからも、母は自分からしゃしゃり出るようなことはせず、相手の話に耳を傾け、相槌を打ち、的確な返答をしていました。それも終始ニコニコと笑いながら、優しい言葉や接し方で。母のこのような姿勢は、誰に対しても同じでした。

気立ての良い人には、共通の特徴があります。「優しい言葉」です。この優しい言葉は、伝播します。私が母から自然と身につけたように。だから私もできるだけ優しい言葉や立ち振る舞いを心がけていますし、そのような言葉や姿勢が、まわりに伝播すればと思っています。

フィンランド人と多くつきあうようになってから、私はあることに気づきました。それは、フィンランド人の、シャイで控えめだけれど決して内向的ではなく礼儀正しく明るく前向きな性格が、母に似ていることです。一緒にいるとどこか落ち着き、包み込まれるような気持ちを、男女問わずフィンランド人から感じることがあります。

このようなこともあって、私はフィンランドならびにフィンランド人が大好きなのだと思います。

「小さい家」への憧れ

設計図を見て興奮する子どもだった

私が暮らしていたような田舎の古民家の価値が再認識され、都会から移住したり、建物をリフォームしてお洒落なカフェなどを営業する人が増えてきています。温故知新、環境を意識・配慮したサステナビリティという観点からも、素晴らしい流れや取り組みだと思います。

実際、私たちも築年数が100年を超えるような価値ある物件の解体依頼などをいただくと**「もったいない、もう一度考え直しましょう」と提案するようにしています。**どうしても解体しなければいけない場合は、柱や梁《はり》を丁寧に取り除き、別の建物に活かすようにしています。

正直なところ、子どものころは実家の古民家が好きではありませんでした。

当時は曾祖父、祖父、祖母、両親、兄弟3人の8人暮らしでしたから、都会の一般的な家族と比べると大家族でした。にもかかわらず、家が大きかったので使われていない部屋がたくさんありました。部屋が全部で15部屋ほどもあったからです。

しばらくして祖父と祖母が亡くなりました。おそらく他の空いている部屋も、先祖が亡くなるにつれ、空き部屋になっていったのでしょう。

昔の家ですから照明が暗く、壁も土色。天井にいたっては昔に火を炊いていた名残なのでしょう、ススだらけで真っ黒。家の中全体が、なんだか暗くどんよりしている感じでした。

暗い雰囲気もあってか、使っていない部屋に行くと先祖の幽霊でも出てくるんじゃないか、そんなことを考えていました。ですから夜トイレに行くときは、空き部屋の前を通るのが怖かったことを、今でも思い出します。

わが家とは対照的に、今風の家に住んでいる友だちも大勢いました。家の大きさがうちとは全然違い、コンパクトでした。リビングに家族全員が集まりコミュニケーションしている姿は、15部屋もあるわが家とは真反対でした。

壁も天井もわが家とは真逆で真っ白。ドアは引き戸や障子ではなく開き戸です。土間なんてもちろんありません。「こんな家に住みたい！」「家は大きければいいものではない」と、子ども心に強く思ったものです。

大きい家に魅力を感じなかったのは、両親が共働きであったことも大きかったと思います。

学校から帰ると、いつもひとりぼっちでした。大きな薄暗い家にひとりだけ。両親は愛情たっぷりに育ててくれましたが、**玄関につながる大きく薄暗い土間の腰掛けに座っていると、「家は大きくなくて構わないから、家族が密着して暮らせる家がいい」。子ども心に、そんなことを毎日考えていたように思います。**

住宅会社の広告チラシに胸踊らせる

そんな私の寂しい心を満たしてくれたのが、新聞の折込にあった住宅会社のチラシでした。チラシには、私が友だちの家で見た明るくコンパクトな家がありました。小さいけれど、今自分がいる場所にはない、人の温もりや家族の暖かさを感じる家です。だから、住宅会社のチラシが入っていないか、新聞を見るのが日課でした。

同時に、自分でもそんな家を建てたいと思い、次第に設計図を描くようになっていました。ある日、家の敷地内に建つ離れの木造住宅を改築することになりました。私はもう大興奮、友だちの家と同じような家に住めると勝手にワクワクして、父親が建設会社の人と打ち合わせをしている席に同席させてもらうほどでした。

でも建てられたのは、新しいは新しいですが、造りは母屋の古民家と同じ、ザ・和風な家でした。がっかりしましたが、一方で胸が踊る経験もしました。家の設計図です。

プロの建築家が描く、いわゆる青焼き図面でした。私が遊びで描いていた設計図とは大違いです。子どもも心にその**図面に「未来」を感じたことを強く覚えています。**

自分の居場所も大切。引っ越しを7〜8回

家族全員が集う暮らしに憧れを抱きながらも、自分ひとりの「個」のスペースを持つこと、創り上げることに対しても興味を持つ子どもでした。空いている部屋を自分の部屋にし、親のテーブルや椅子を自分の好みの家具でコーディネートしたり。

ここでも憧れたのは、住宅会社のチラシや友だちの部屋でした。ただ元が築100年以上の木造古民家ですから、イメージどおりにいくわけがありません。だからなのか、部屋の引っ越しもしょっちゅうしていました。

大学入学で家を出るまで、おそらく7〜8回は部屋を変えていると思います。とにかく友だちの部屋のように、お洒落な空間にしたい。友だちの部屋に遊びに行っては、自分の部屋のコーディネートを変える。そんなことばかり繰り返していました。

全員が集まる共同スペースがある一方で、個のスペースも必要だという考えは今に

も通じています。そして、後述する「家の中にも、いわゆるサードプレイスが必要だ」という考えも、そのころの暮らしが影響しているのだと思います。

自分の未来を模索した青春時代

社会、大人に対する反抗心を抱いた高校時代

小・中とあれほど熱中した野球ですが、肩を壊したこと、自分よりもはるかにうまい人がいることなどを知り、高校では続けませんでした。野球は自分の未来が拓く場所ではない。今振り返ると、そう思ったのかもしれません。

ただ先輩たちの涙を見て以来、本気で取り組んでいましたから、当時は人生の一幕が終わったような喪失感を味わっていました。

そうはいっても、野球以外にやりたいことは特にありませんでした。部屋のコーディネートを考えたり、設計図などを眺めているのは好きでしたが、それはあくまで趣味の程度です。当時は自分が将来建設業界に進むとは、思ってもいませんでした。

そこで、「大学に行けばなんとかなるのでは。自分の将来やりたいことや夢が見つかるのでは」と思い、漠然とですが、大学への進学を決めます。

未来を期待して入った大学で挫折、将来がまったく見えない

「親元から離れることができる。自由に何でもできる。自分の未来はこれから始まるんだ！」

このような念いで入学した大学でしたが、実際は違いました。

親元から離れることも大学に進んだ理由のひとつでしたから、大学は家から通える地元ではなく、大阪、東京などの大学に行こうと考えていました。

自分が行く大学の立地や雰囲気を事前に知りたいと思い、新幹線で各地の大学を巡っていたところ、静岡大学ならびに静岡という町の雰囲気に惹かれる自分がいました。

都心の大学も受けましたが、結局私が選んだのは静岡大学でした。和歌山と同じように自然もたくさんある。「静岡だったら楽しく過ごせそう」という**ライフスタイルを直感したのです**。

専攻は工学部の光電機械工学科にしました。「光電機械」という言葉に、未来を感じたからです。ただ、ここでもずる賢い自分がいました。光電気学科では機械と電気どちらのことも学べました。つまり将来仕事を選ぶ際に、選択肢が増えるだろう、ハッキリ言えば就職で有利に働くだろう。大企業に入れるだろうと考えたのです。

実際、授業では光、レーザー、ロボット、鋼といった素材まで幅広い知識を勉強することができました。でも私の心は高まりませんでした。いろいろなことを学んではいましたが、**自分が何を本気でやりたいのか**といったら、その答えが見えてこなかったからです。

そんな悶々《もんもん》とした日々を過ごす私とは対照的な女性の友だちがいました。今思えば、その女性との出会いが、私の人生を大きく変えてくれたのだと思います。

彼女は私とは対照的に、なんとなく大学に入ったのではなく、自分のやりたいこと、将来の夢をはっきりと持っていました。ダンサーになりたいので、今はその素養を鍛えるために、大学で音楽の勉強をしているというのです。

それだけではありません。すでに夢の実現に向けて動いていました。ダンサーになるきっかけをつくろうと、東京で開催されるオーディションを毎回受けていたのです。

さらに彼女は夏休みを使って、ロシアの首都モスクワの赤の広場に行ってダンスを踊ってパフォーマンスするんだ、とも言いました。自分の存在を世の中にPRして、どこかの芸能事務所や業界関係者の目に留まればと考えていたのです。今でいえば、動画サイトにダンスをアップするようなものです。


夢に向かって懸命に頑張り、努力している彼女の姿を見る度に、夢のない、調子よく生きている自分が、とても小さく感じたものでした。一方で、このままではいけない。小学生のころに野球で学んだ**「本気で生きる」を再び思い起こそうと、静かにではありましたが、私は動き出すのでした。**

「感性」が磨かれた異文化・人

大学を休学しオーストラリアに

静岡は海に面していますから、マリンスポーツが盛んです。海があることも、私が静岡大学を選んだ理由のひとつでした。

私はウインドサーフィンに夢中になりました。海の近くのショップの人と仲良くなり、隙を見つけては海やショップに通っていました。

ショップの老オーナーと親しくなり、話していると、弟子のような存在のオーストトラリア人が、現地のウインドサーフィンのスポットがたくさんあるパースという所に住んでいることがわかりました。調べてみるとパースは静岡と似ていて、適度な大きさの街でありながら、自然豊かな場所であることもわかりました。

先の女友だちがロシアに行って夢をかなえようとしている話を聞いた後でしたから、「オーストラリアのパースに行ってみたい。現地でウインドサーフィンがしたい」、もっと言えば「オーストラリアに行けば、未来が拓くのではないか」と思ったのです。

それまで海外旅行はもちろん、飛行機に一度も乗ったことがない私でしたが、オーストラリアに行きたいと強く思いました。

でもお金がありません。それでアルバイトをして、なんとか旅費を工面。3年生の試験終了と同時に、アルバイトで貯めた100万円を片手に、オーストラリアのパースに旅立ちました。


オーストラリアに着いた日の光景は、今でも鮮明に覚えています。ホームステイ先のお父さんが迎えに来てくれた車中から見た街並みです。

夜だったため、街の様子ははっきりとはわかりませんでしたが、日本のそれとは明らかに違う、オレンジ色の光を発する街灯に照らされた街の色味がとても印象的でした。「ああ、ここは日本じゃない。ついに自分も外国に来た」と興奮している自分がいました。

そんな私の気持ちをさらに盛り上げるように、カーステレオからはこれまで聴いたことがない異国情緒あふれる音楽が流れていました。

ワーキングホリデーで行きましたから、オーストラリアにいられる期間は約10カ月です。**私はその10カ月の間に3つの目標をかなえることを掲げていました。**

1つ目はウインドサーフィンを徹底的にやり、上達すること。2つ目は英語の上達。そして3つ目は、一生つきあえる外国人の友だちをつくることでした。

3つの目標をかなえようと、現地では日本人の多くが通う学校には通わず、現地の人と触れ合える場所に積極的に行きました。住まいもホストファミリーのお宅、大学の寮、シェアハウスと、日本人が避けるような場所に移り住みました。

パースでの1日の流れは大体次のようなものでした。

午前中は車屋さんで洗車のアルバイト。午後からはウインドサーフィンのメッカである地元の川や海で、ウインドサーフィンに没頭。

ビーチにいるのは、もちろん現地の人ばかりです。ご存知のようにウインドサーフィンは風が吹かないと波に乗れません。そこで風が止んでいるときは、ウインドサーフィン仲間に積極的に話しかけ、英語のトレーニングに励みました。

そんな毎日を送っていたら、ビーチでウインドサーフィンをしているクライブという40歳ぐらいの、当時の私からすれば20歳以上も年上のおじさんサーファーと仲良くなりました。

人生で大事なのはバランス

オーストラリアでは多くのことを経験し、学びました。

ホストファミリーのお父さんは、家族や友だちをとても大切にしていて、週末になると大好きな人たちを家に招き、バーベキューパーティーをかなりの頻度でやるのです。それもお父さんの仕切りで。

バーベキューは昼間に行われることが多かったのですが、お父さんは楽しみで楽しみで仕方ないのでしょう。バーベキューパーティーの日は朝からそわそわしていて、**人が集まりだすとホスト役に徹し、友だちを盛大にもてなしていました。**

歓迎するだけでなく、料理の支度、終わってからの片づけなども、全部お父さんの仕切りでした。

もちろんお母さんや家族も手伝います。その家族団らんの様子が、私にはとても眩しく映ったのです。

お父さんがバーベキューを仕切り、家族や友だちをもてなす文化は、オーストラリアでは一般的です。自宅の裏庭はもちろん、公園などにもバーベキューグリルが当たり前のように設置されていることが驚きでした。

バーベキューはオーストラリア人にとって文化のひとつです。ウインドサーフィンで仲良くなったクライブにも何度も誘われ、彼の家でもバーベキューを楽しみました。そしてクライブの家でもホストファミリーの家と同じように、幸せな仲間と家族の姿がありました。

失礼を承知で言いますが、2人ともそれほど社会的地位が高い職業に就いているふうには思えませんでした。おそらくビルの清掃業か何かだったと思います。でも2人の人生は豊かに見えました。大切な仲間、及びその仲間と過ごせる家という場所があるからです。

私のそのような気持ちを、もしかしたら2人は察していたのかもしれません。あるとき、こう言われました。「蓬台、人生で大事なのはバランスだよ」と。

どんな仕事をしているとか、いくら稼いでいるとかが重要ではなく、**自分が就いている仕事に誇りを持っていることが大切。あとは自分の好きなこと、そして家族や仲間との時間を大切にすること、その両方のバランスが重要**だと。

どんな仕事でも、自分の意味づけによってその仕事に誇りを持つことができる。そして、自分にとって金や名誉とは何なのか。それが人生を本当の意味で豊かにするものではないのか……と考える初めての機会となったのです。

相手の心を理解し、優しく接する

私が誰に対しても優しくフレンドリーに接したいと思うのも、オーストラリアの人たちから学んだことのひとつです。英語がそれほど喋れない私をバーベキューに招いてくれるだけでなく、参加者のほとんどが、英語が話せるかどうかなど関係なく、私に気軽に話しかけてくれたからです。

人との接し方は、その後移り住んだシェアハウスで仲良くなった元ポーランド人でオーストラリアに移住したミーウィックからも教わりました。

彼も私より20歳以上年上でしたが、シェアハウスに入ってわずか3日目に起きたトラブルに、まるで10年来の友人のように真摯《しんし》かつ丁寧に接してくれたのです。

私は現地で中古車を購入したのですが、7万円というかなりのポンコツでした。そのためシェアハウスに移ってから3日目の夜、パーティーに出かけていた途中にエンジンがストップしてしまい、うんともすんとも動かなくなってしまったのです。しかもハイウェイのど真ん中で、雨も降っていました。

私は車を降りて走り抜ける車に手を振り助けを求めたのですが、英語が通じないことや危険なところでエンストしていることもあり、皆、罵声を浴びせながら通過していきました。そこでまだ3日しか一緒に暮らしていないルームメイトの彼を頼ったのです。

車を置き去りにして公衆電話を探し、シェアハウスに電話をすると、彼はすぐに自分の車で駆けつけてくれました。そして雨の中、傘もささずにずぶ濡れになりながら、私と一緒に故障して動かなくなった車を安全なところまで押してくれました。

それだけではありません。その後、彼の車で家に戻ると、**「シャワーはお前が先に浴びろ」と言ってくれました**。シャワーから上がると、食卓には彼がつくってくれたインスタントラーメンが用意されていました。もちろん彼はまだシャワーを浴びていませんから、体はずぶ濡れのままです。

おそらく電話したときの私の悲痛な声や、気が動転している現場での様子などから、私の心の内を汲み取ってくれていたのでしょう。だから**「大丈夫、問題ない」との言葉も何度もかけてくれていました**。

言葉、国、何日一緒にいるかなんて関係ない。本当に心の優しい人は、ミーウィックのような人のことを言うのだと。

彼のしてくれた行いに感動し、私は泣きながらラーメンをすすると同時に、「自分も彼のような大人になりたい」と強く思いました。

ミーウィックとはその後、毎年クリスマスカードを交換し合う仲になりました。そして２０１８年に25年ぶりにオーストラリアで再会しました。今でも私にとってかけがえのない友人です。

このようにオーストラリアで**受けた数々の恩を、私はいつか還元したい。日本に来る外国人の若者を支えたい。恩返し、恩送りをしたいと考えていました。**

そんな私の念いが24年越しで実現したのが、２０１７年から始まったプロジェクト「IPPO TO JAPAN」です。

これはフィンランドの学生を日本に招き入れるプロジェクトで、滞在中の費用は無料。日本の文化やおもてなしなどを、ドロフィーズキャンパスでの仕事を通して体験してもらう、奨学金滞在ボランティア体験プロジェクトになります。

スタートしてからすでに3年、毎年17～23歳の若者3～5名が、夏休みなどを利用し来日します。これまで11人の学生を受け入れており、オーストラリアのホストファミリーがそうであったように、私は日本のお父さん的なポジションで、彼らに接しています。

これからの時代に必要な本物の〝自由〟がフィンランドにはある

当時、私のように大学を休学して海外にワーキングホリデーに行く学生は、ほとんどいませんでした。そのためまわりからは変人扱い。両親や他人からも心配されたり、なかには「遊びに行くんでしょ」的な、揶揄《やゆ》の言葉をかけられたことを思い出します。

このような考えは、おそらく今の日本でもそれほど変わっていないのではないでしょうか。

ワーキングホリデーに対する評価は一昔前と変わらず、どうしても〝遊学〟というイメージがつきまといますし、大学や仕事を一度ストップして旅などに出て人生を改めて考える人を応援する社会や国民性ではないと感じるからです。

このような感覚ですから、再び人生のレールに戻ろうとしても、なかなかスムーズにいきません。その結果、**常にまわりと競争したり、社会から一度でも外れるような行動が許されない雰囲気が、日本には蔓延《まんえん》していると感じます。これほど「多様性」が叫ばれているのに、です。**

一方、フィンランド人の考え方は異なっています。

フィンランドには「ギャップ・イヤー」という考えがあります。大統領や大臣といった偉い人たちでも、若いころに自分の人生をしっかりと考える期間（ギャップ・イヤー）を設けている人が大半です。

学生であれば旅に出たり、社会人であれば今の仕事と違うことをしてみたり。人それぞれ時間の使い方や行動は異なりますが、共通しているのは日本とは異なり、ギャップ・イヤーを取ることが当たり前の社会であることです。

裏を返せば、社会全体がギャップ・イヤーを推奨しているとも言えます。

そのためギャップ・イヤーをしている人に対して、先のように批判したり揶揄するようなフィンランド人はひとりとしていません。むしろその逆で、自分を高めるために成長しているのだと、プラスに捉え、応援しているように見えます。

ドロフィーズキャンパスに来た11人のフィンランド人にギャップ・イヤーのことを聞くと、まさに11人全員が、先のような前向きな回答をくれました。「**生まれつき100%の人はいない。だから常に勉強したり人生を見直す時期は必要だし、その時期**

や長さが人それぞれ異なるのも当然」だと。

彼・彼女らの考えは、国がギャップ・イヤーを推奨していることとも、大いに関係していると思います。というのも、フィンランドでは、学費は基本すべて無料ですし、ギャップ・イヤーの間の生活費なども、いくつかの規定のなかで、国から補助を受けられる仕組みもあるようです。

自由と聞くと、多くの人がアメリカンドリーム的な、「やる気さえあれば誰でも成り上がれて成功を得られる」というイメージを連想すると思います。でも、このようなアメリカ型の自由は、日本も同じですが、競争型の自由だと私は考えます。

一方、**フィンランドの自由は、「まわりの人や社会が待ってくれる自由」ではないかと思います**。そしてフィンランドの自由こそ、これからの社会で必要な自由ではないかと思うのです。

実際、先の11人の学生にフィンランドの魅力を聞くと、皆が口を揃えて「自由であること」と言いますし、他人と競争としてお金をたくさん稼ごうとか、早く成功して目立ちたいといったことを言う学生は誰ひとりしていません。

一念発起、建築の道へ

選択肢は何でも構わないが、上のレベルを目指す

オーストラリアで約1年間を過ごした私は、目標であった英語が上達し、ウインドサーフィンの腕前も上がり、外国人の友だちもできました。ただ肝心の人生の目的や未来は、結局、見つかりませんでした。

ただし、当時、外国にワーキングホリデーで行くような学生は、まわりにほとんどいなかったので、自分のなかにある種の自信みたいなものが、なんとなくですが芽生えていました。今思えば、私の性格であるお調子者の心だったのでしょう。日本に戻って少し経ってから、そんな甘い心を建築会社の社長をしていた友だちのお父さんに見透かされてしまいました。

「蓬台くん、オーストラリアに1年間行ってきたって胸を張っているけど、**それで今の君は何ができるの？　社会に貢献できるの？」と。心にグサリとくる言葉でした。**

私の未来探しは、振り出しに戻りました。

そのようなモヤモヤしていた私の心を救ってくれたのは父でした。父は、私が大学を休学してまでオーストラリアに行って何をしているのかわからなかったと思いますが、心の奥底では心配してくれていました。「上場会社で役員を務めた人が親戚にいるから、会って、アドバイスをもらってきなさい」と言われたのです。

私はすぐに、その親戚に会いに行きました。自分が将来何をやりたいのか。どうすればよいのか。特に夢などもないことを、正直に話しました。するとその親戚は、次のように言ったのです。

「やることは何でも構わない。ただ、ひとつ言えることは、今の自分より下のレベルだけは選択しないことだ。たとえば、新たにどこかの学校に行って勉強するのだったら、今の大学よりレベルの高い難しい大学を選ぶというようなことだ」

そしてこう、付け加えました。

「上を目指してさえいえれば、何をやっても人生はうまくいく」

私のモヤモヤは一気に吹き飛びました。

そこで私は改めて何をやりたいのか、自分の道を探していくことにしました。そして頭のなかに残ったのが、オーストラリアのパースで見た街並みだったのです。

パースでは、森のなかに住宅街が広がっています。森ですから、家よりも大きな木が街のあちらこちらに立っています。川も流れています。道端のいたるところには、春になればワイルドフラワー（野草）が一斉に花を咲かせます。言ってみれば、木々も含めた自然のなかに、家が建っているような感じなのです。

家自体の設計も、まわりの自然に溶け込むようなデザインを意識したつくりになっていました。

大抵の家の前には鮮やかな緑色の芝生が植えられ、街に向かってオープンな装いを見せているようにも感じました。どの家も芝生が見事に手入れされているので、その様子を見ているだけでも、心地よい気分になります。

言葉ではなかなか表すことが難しいのですが、なんというか、街全体が公園のような感じなのです。ですから街中の空気も、まさに自然の香りが漂っていました。

そんな自然と人とが融合したような街並みを、夕暮れになると老夫婦が仲良く手をつなぎながらのんびりと散歩しています。私とすれ違うと、顔見知りでもないのに、ニコッと微笑んでくれます。もちろん話しかければ、すぐに友だちになれるフランクな人たちばかりでした。

私はそんなパースの街が大好きになり、帰国してからも現地で撮った街の写真を部屋の壁に貼っているほどでした。

そして自分のやりたいことを考えていたら、パースの街が浮かんだのです。そう、私はパースのような街に住みたい。住めないのであれば自分の手でパースのような街をつくってみたい。ついに私は、自分の夢を見つけたのでした。

私は街をつくるにはどういうステップを踏めばいいのか考えました。地方自治体の街づくり課、造園業なども浮かびましたが、まずは建築家を目指そうと考えたのです。

ただし、静岡大学には建築学科がありませんでした。そこで建築学科のある大学を探しました。これはオーストラリアで学んだことですが、**勉強だけではなく、ライフ**

スタイルとのバランスも大切にできる場所で学ぼうと思ったのです。

そうして選んだのが、千葉大学の建築科でした。近くに海があり、ウインドサーフィンができることも大きな魅力でした。

インプットの量がいずれ質に変わる

「自分の夢は自分で見つける」ともがいていた私でしたが、結局、私を愛してくれる親、そして社会で責任を果たしている大人のアドバイスのおかげで、未来へのかすかな光が見えました。**ひとりで叶えられる夢など、何ひとつない。20代前半で、人生において大切なことに気づかせてもらえました。**

自分の夢を見つけた私は静岡大学をまず卒業、そして3年生から千葉大学に編入学しましたが、最初はまったくダメダメでした。

授業自体は面白いし興味もあるのですが、まわりの学生が優秀すぎました。授業は有名建築家の方々が講師として登壇し、あるテーマを学生に与えます。たとえば「図書館」とかです。

学生はそのテーマに沿って自分なりの設計を、コンセプトと合わせて3カ月に一度くらいのペースでプレゼンテーションしていきます。このプレゼンのレベルの差がひどかったのです。

製図の技術も劣っていましたし、何よりもともと在籍していた学生たちは、ふだんの洋服や髪型などのファッションからもわかるように、美的センスが抜群でした。一言で説明すれば、お洒落な学生の集まりだったのです。

センスがあり技術的にも上。途中から入った私が勝てる要素はありません。最初はショックでしたが、やっと見つけた夢をあきらめるわけにはいきません。そこで私はとにかくいろいろな建物を見ようと考えました。

有名建築家がデザインした、東京のおすすめ建築が何百と載っている本を買い、週末になると千葉から東京までその本を頼りに出かけ、掲載している建物を片っ端から見学するようにしました。

見るだけではありません。気になることをメモしたり、写真を撮ったり、スケッチしたりしました。まわりには住宅も多くありましたから、ある日などは不審者と間違われて、警察を呼ばれたこともありました。

そんなインプットを続けること1年。3年生最後のプレゼン兼コンペで、なんと私の作品が賞を獲得しました。

学費を稼ぐために、私は昼間は仕事をして、夜間で学んでいました。でもそのコンペは昼・夜両方の学生が全員参加。そのなかでの賞獲得です。

作品は先に紹介した東京で見た素晴らしい建築物のいいところを寄せ合わせたデザインでした。言ってみれば、私が無から考えたわけではない、他人のデザインの寄せ集めです。しかし、有名建築家の先生方も含め、大勢の人が評価してくれました。

私はそのとき、いくつかのことを学びました。デザインというのは、何もゼロから生み出す必要はない、今ある優れたデザインの掛け合わせでいいのだと。そしてもうひとつ、掛け合わせで生み出されたデザインであっても、それは自分のオリジナルなのだと。

また**優れたデザインをかけ合わせることで、足し算ではなくかけ算のパワーを持つデザインが生まれることも学びました。裏を返せば、斬新なデザインやインスピレーションを生むには、とにかく数を見たり経験の量を増やすことが重要だとわかったのです。**

コンペで入賞して以降、私は世界中を旅してまわっては、数多くの建築を見るようになりました。そして気になったデザインや建築を自分のなかにインプットしたり、インスピレーションの材料にしていきました。

これまで見た建築物は数え切れませんが、訪問した都市は300を超えますから、かなりの数の建築物を見ていることになります。

インプットは建築だけに限りません。偉大な経営者はどのような思考で会社を経営しているのか。どんな経営論が世の中にはあるのか。その後、経営者となった私は徹底的に経営に関する知識も取り組むようになりました。

まずは自分と同年代の経営者の本を読み漁りました。その後は古今東西の名経営者の本を読みました。経営術に関しては人一倍のインプットを行い、また大量の読書をしたことで、自信をつけたかったのだと思います。

自分にはセンスがない。リーダー、経営者としての才覚がない。もしそのように悩んでいる方がいましたら、**まずはインプットの量を増やしてみてください**。私は今でも時間をつくり、徹底してインプットするようにしています。

それぞれに合った場所がある

オーストラリア・パースのような街をつくりたい。この夢に近づくには、まずはパースに建っているような輸入住宅を多く扱っている建設会社に入ろう。そう考えて選んだのが、当時日本でトップクラスの輸入住宅の扱いを誇る大手Mホームでした。

設計職として入社したのですが、会社の事情でまもなく静岡事業所に異動になりました。静岡には2年暮らしていましたから、土地勘があると思われたのでしょう。職種も営業職に変わりましたが、自分で家をデザイン・プランニングしてお客様に提案することは変わりませんから、やりがいを持って仕事に臨んでいました。

しばらくして、初めて契約が取れたときは、もうれしくて、うれしくてたまりませんでした。お客様が自分のデザインを気に入ってくれたこともそうですが、何千万円という高額な商品を、私という人間を信頼して契約してくださった。その気持ちがとてもうれしかったのです。これまで生きてきたなかで、初めて社会から認めてもらったような感動と興奮すら覚えていました。

私は事務所に戻るなり、「契約取れました！」と大きな声で報告すると同時に、喜びを爆発させました。ところが、「おめでとう蓬台、よくやった」という反応を期待している私をよそに、事務所にいた人たちは白け顔でした。

それどころか、その後も何度か契約を取った後に同じように喜びを爆発させていたら、「いい加減うるさい、だまれ」と言われました。褒められるどこから、逆にお叱りを受けたのです。

不思議になって仲良くなった先輩に尋ねると、「契約は取れて当たり前。またビジネスパーソンたるもの常にクールであれ」と教えてくれました。

もうひとつ、その先輩から教わったことがあります。「仕事とプライベートは別」ということです。

パースのような街をつくりたい、こんな街をデザインしてみたいといった、仕事というよりはどちらかというプライベートの夢を、私はまわりのメンバーに語っていました。でもそこでも反応は契約が取れたときと同じでした。「ふーん、そうなんだ」と興味を示すメンバーはあまりいませんでした。

そうはいっても初めて入った会社でしたから、懸命に仕事に打ち込みました。ただ私の夢は街づくりです。実現にはデザイン力や営業スキルだけではなく、現場の家づくりも学ばなければならない。そしてそれはMホームにいてはできない。もっと町場の、小さな工務店のほうがいいのではないか。そう考えるようになっていきました。今思えばMホームにそのままいては、自分の夢や可能性が閉じてしまうと感じたのだと思います。

改めて自分の歩みを振り返ると、私は人生の岐点に立ったとき、このまま同じ道を進むと、自分の可能性が閉じてしまうのではないか、別の言い方をすれば未来が拓かれないのではないか、と自然にそのように考え、道を選択してきたように思えるのです。

つまり、**未来を切り拓くとは、拓ける場を自ら能動的につくるということ**だと思いました。そして、場の選択は誰でも自由にできるし、人それぞれです。

ただ言えることは、冒頭のフィンランドでの万歳三唱のように、**価値観や夢が近い人たちが集まる場だと思うのです。**

たとえば、都田建設では住宅の契約が決まったら、担当者を拍手で称えますし、喜びは全社員で共有します。多くの社員が夢を語り、その夢をまわりのメンバーが応援する環境でもあります。

今いる場では、自分の可能性を閉じてしまうのではないか。このままいても未来は拓かないのではないか。もしそのように感じているのであれば、**自分の夢が拓けそうに思えるアクションを積極的な姿勢でとり続ける。それは、その環境がイヤだから、嫌いだから……という単なるネガティブ発想からの逃げではなく、どんなときも自らの可能性を信じ、それを広げたいという気持ちからなのです。**

都田駅舎と背後に広がる山々

Chapter 2 一生を賭けられる場との出会い方

上　バーベキューでは互いの成長を分かち合える幸せが
下　オフィスは自然素材の建物。そしてお庭には人が集う

「夢を実現できる場」という直感

社員数たった2名、12畳の会社

大手ハウスメーカーからの退職を決意した私は、ハローワークに行き、次の仕事先を探すことにしました。同時に、いずれは「独立して会社を興したい」という、漠然とした起業意欲が芽生えていました。

父が自営業者であったこと。さらには農協に属さず、自分ひとりの力で販売先を切り拓いていた父の姿に、少なからず影響を受けていたのだと思います。このような意志もありましたから、家づくりの一通りを勉強できる、できるだけ小規模な町場の工務店がいいだろうと考えたのです。

ハローワークでは、いくつかの会社を紹介されました。工務店だけでなく、設計事務所などもです。

当たり前のことですが、紹介された会社の情報を見ると、業務の詳細、福利厚生に関する事柄など、一般的な求職者が知りたい内容がびっしりと書かれている会社が大半でした。

しかし、そんななかに混じって、掲載情報が極端に少ない会社がありました。仕事内容の欄には「現場監督」とだけ。あとは、会社名と給与程度でした。

その簡素な募集要項を見て、なぜか私は感じるものがありました。従業員が2名というのも魅力的でした。先に書いたとおり、設計から現場、お客様とのやり取りまで多くの業務を学べると思ったからです。

実際にその会社の事務所を訪ねてみると、本当に社員2人だけでした。しかもひとりは事務の女性で、もうひとりは大工でもある社長（現会長）・内山覚という体制でした。事務所はオフィスというよりも一軒家を改造したこぢんまりとした建物で、お世辞にもオシャレとは言えません。スタイリッシュな設計事務所とは雲泥の差で、広さも12畳程度。大手ハウスメーカーのそれともまったく異なる環境でした。

名刺を差し出すと、社長はそれをじっくりと眺めていました。時間にして60秒ほどだったと思います。その間、言葉はほとんど交わしませんでしたが、名刺を見る社長の表情や体から滲み出る雰囲気から「これまで私のまわりにいた人たちとは明らかに違うタイプだ」と直感しました。

社長が発したのは、「大手ハウスメーカーという素晴らしい会社で働いているのに、うちに来るなんてもったいないよ」という思いがけない一言だけでした。

事務所内の壁を見渡すと、あちらこちらに貼り紙がありました。

社長が席を外したときに改めてじっくりと見ると、社長が自ら書いたのでしょう。カラフルな油性マジックの太く強い文字で描かれた夢でした。「地域のコミュニティスペースをつくる」「支店を出す」「3階建てのオフィスをつくる」など。そしてこの**3つの夢を、3年後までに実現するとも書かれていました。**

私はその夢を見たときに、何だかうれしく思いました。夢を語ることを憚《はばか》られた大手ハウスメーカーの環境とは真逆だったからです。

初心を大切にする場「GEN・TEN（原点）」

そんなこともあってか、私は正直に「3年後を目処に独立したいと考えています。ですから給与は微々たるもので構いませんので、建築のイロハをすべて学びたい」と、自分の素直な気持ちを社長に伝えました。すると社長は先ほど名刺を見たときと同じく穏やかな表情で「うちでよかったらいいよ。来なよ」と言ったのです。

社長の人柄に感動した私ですが、正直、心のなかではまだ迷っていました。ハローワークで紹介された他の会社も見てみたい、そう思う自分もいたからです。でも私のそのような気持ちは、会社を離れるときに一瞬にして消え去ることになります。

事務所を出て車を止めてあった駐車場まで向かうと、社長は私を見送るために、わざわざ事務所から出てきて、駐車場までついてきてくれました。それだけでも「なんて素晴らしい人柄の持ち主なんだ」と感動していたのに、車を発車させると、**バックミラーには深々と私の車に向かい頭を下げている社長の姿が映っていたのです。それも、私の車が見えなくなるまでずっと。**

私はその姿を見た瞬間、「ここで働こう。いや、働かせてもらいたい」と強く思いました。これだけ人に対して優しくできる方なのだから、家づくりにおいても、それは同じだろう。そう思ったからです。

これは入社してから知ったことですが、実際、思ったとおりの家づくり、人への接し方をする方でした。

社長は幼いころに父親を亡くしており、母親ひとりに、ここ都田で育てられたそうです。母親ひとりですからいろいろと大変だったでしょうし、実際、生活も厳しかったそうです。

そんな状況に手を差し伸べたのが、都田の住民たちだったというのです。洋服や食べ物をもらったことも数知れずあったそうです。**「自分は都田と都田の住民に育てられた。だから都田に恩返しがしたいんだ」と。だから社名も自分の名前ではなく都田建設にした**のだと。

私は面接で見た、3つの夢の根幹を知ったのでした。

これも入社してからのことですが、私を関係者に紹介するとき、社長は「新しく入社した蓬台くん。いずれ、世界に羽ばたいていく人」と必ず言いました。

社長は特に海外に興味を持っていたわけではないですし、どんなことを思ってこの言葉を発したのか、真意はわかりません。**ただ毎回「世界に羽ばたいていく」との枕**

詞を加えてくれたその人を信じ認める姿が、私の心には響いたのです。

当時の私は、まだ世界を目指していたわけではありません。でも**社長のその言葉を聞く度に、「この人と一緒ならどこまでも夢が広がりそうだ。ここにいれば、未来の可能性が広がるのでは」。そう思い、うれしくなったものです。**

このとき社長から聞いた**「恩返し」という言葉は、今でも私の心に強く刻み込まれています。**フィンランドにお神輿を寄贈しようと思ったのも、日本人会の冨田さんの「フィンランドに恩返しをしたい」という言葉に強く共感したからだと思います。

最初の仕事はドブさらいだった

新たな出発の場、ここから未来が拓くと意気揚々と都田建設に入社した私でしたが、現実は違っていました。まず現場監督ではなく、「営業をしてくれ」と言われました。「なぜ?」と思いましたが、当時の都田建設は建設の仕事がほとんどないような状況だったからです。

仕事のメインはリフォームでした。新築工事は年に1件程度。当然、それだけでは会社は成り立ちませんから、土木工事会社からの依頼でドブさらいをやったり、他にも建設仕事とは関係のない雑務などもやり、何とか食い扶持をつないでいるような状態でした。

営業の仕事は前の会社で経験していましたから、特に嫌ということはありませんでした。ただ飛び込み営業でしたから、そう簡単に契約が取れるわけではありません。インターホンを鳴らし、住宅の営業マンと言っただけで、ガチャンと切られたり。「出ていけ」と塩をまかれたことや、犬に噛まれそうになったこともありました。

でも私は前向きでした。大学時代に学んだ「インプット」を意識し、営業で訪れる家のデザインや細かなディティールを手帳に書き留め、自分の糧としていきました。3年後の独立、という明確な目標があったことも、大きかったと思います。

前向きだったのは気持ちの面においてもです。営業はなかなかうまくいきませんでしたが、「仕事をしながら、言ってみれば給与をもらいながら家づくりの勉強ができる」と考えていました。ですから飛び込み営業もまったく嫌ではありませんでした。気がつけば3カ月ほどで浜松全域をまわっていました。

同時に、リフォーム工事の現場にも足を運びました。そこでは私が学びたかった、覚えたかった、家づくりに関する現場仕事のノウハウがありました。

リフォームといっても、ものづくりや職人さんとの関わりは新築と同じです。どんなふうに仕事を進めていくのか、職人さんの段取りはどうすればいいのかなど、大手ハウスメーカーでは学べなかった生の現場での家づくりのノウハウを、少しずつですが身につけていくことができました。

成功はみんなで喜びあう

営業の仕事を始めてから3カ月ほどたったある日のことでした。リフォームの現場管理の仕事から帰社するついでに、いつものようにまわりの家に営業をしました。

あるおばあさんの家を訪ねたときでした。おばあさんはひとり暮らしだったようで、「お茶でも飲んでいきなさい」と言われました。玄関先で1時間くらいだったでしょうか、住宅の話とはまったく関係のない、おばあさんの幼いころの話、他愛もない会話など、いわゆる世間話をしていました。

さて、そろそろ帰ろうかなと思ったところ、おばあさんは「ところであんた、何しに来たの?」と尋ねてくれたのです。そこで改めて住宅をつくっている会社で、リフォームもしていることを伝えました。すると私が座っていた玄関の床がベコベコしているというのです。おそらく下の材木が腐っていたのだと思います。

おばあさんは「ひとり暮らしだからこのままでも困らないけど、あんたいい人そうだし、一生懸命だから、工事の見積もり出してみて」と言ってくれたのです。

大きな工事でないことはすぐにわかりましたが、私はかなり興奮していました。すぐに事務所に戻り、事務員の女性に見積もりを依頼。できた見積書を持って、再びおばあさんの家にとんぼ返りしました。

おばあさんは見積書を見て、「高いか安いかはようわからんけど、あんた、頑張っているみたいだからお願いしようかな」と契約していただけることになりました。

初めての契約に私の興奮はさらに増して、再び事務所に急いで戻り、リフォーム工事が取れたことを事務員の女性に報告しました。ただ、金額が大きくない契約だったので、控え目にです。大手ハウスメーカーでの経験もありましたから、本当はうれしかったのですが、その気持ちをあえて抑えていたのです。

ところが返ってきた反応は、大手ハウスメーカーのそれとは真逆でした。「蓬台くん、すごい！」と喜んでくれ、ハグまでしてくれました。社長の反応も同じでした。「すごい、すごい！　やっぱり世界を目指している人は違う！」と満面の笑みで握手を求めてきました。

それだけではありません。**「ありがとう、本当にありがとう」と、何度も感謝の言葉を私にかけてくれたのです。**

私は改めて、大手ハウスメーカーで初めて契約をもらったときのことを思い出していました。金額は数千万円という額でしたから、自分としても当然、「どうだ俺、すごいだろう」という気持ちでいました。

一方、今回は謙虚な気持ちで報告しました。にもかかわらず2人とも大いに喜んでくれ、感謝までしてくれました。一般的な会社であれば3カ月で約10万円の契約しか取れない営業マンなんて、叱咤されることはあっても、感謝などされるわけがないのにです。

このような経験から、私は社員が契約をもらったり目標を達成したら、金額の大小に関係なく、**心の底から会社のメンバー全員で祝福するように心がけています。また**

その逆で、うまくいっていないときは全員でサポートすることもしています。

そして**このような相手や仲間の心に寄り添う気持ちは、これからどんなに会社が大きくなったとしても持ち続けていたいと考えています。**

この初契約からは、別の学びもありました。学びというよりも喜びと言ったほうが近いと思います。リフォーム工事をお願いしてくれたおばあさんとは、その後長きにわたりおつきあいすることになったからです。

別に仕事がどうこうではありません。おばあさんの家の近くを通ったら、寄ってあいさつをする。家づくりをしていれば、この先もこのような大勢の人との出会いの場がある。そんなことを考えると、これから先の未来が楽しくて仕方ありませんでした。

小さな、でも確かな一歩のシカケ

社長は根っからの職人でしたから、先に書いたような夢を掲げてはいましたが、夢の実現に向かってひた走るというよりも、とにかく目の前の仕事をいかに丁寧にやるか、自分が納得した家をお客様に提供できるか、に注力していました。

また仕事は紹介がほとんどでした。先に紹介したとおり年間で1棟ほどしか新築工事を手がけていなかったのは、そのためです。

志も高く、実際にできあがった家も素晴らしいのに、その魅力が多くの人に伝わっていないことに、私は次第にもどかしさを覚えるようになっていきました。

今のままではじり貧だと感じるようになっていました。私の目標は、家づくりのノウハウを身につけて3年後に独立する、その先はパースのような街をつくるという壮大な夢だったからです。

そこである日、私は社長に提言しました。「チラシをつくって配り、都田建設のこだわりの家づくりを多くの人に知ってもらいましょう」と。

しかし、社長から返ってきた言葉は「ノー」でした。「今のまま、紹介からの仕事だけを細々やっていけばいい。そういう仕事の仕方が好きだ」というのです。

でも、そのようなやり方では、事務所に貼ってある夢を実現できないと思った私は、その後1年にわたり、社長にチラシづくりを提案し続けました。同時に、どんな内容にすればお客様に評価してもらえるかも考え、実際にチラシをつくっていきました。

すると、あることがわかりました。大手ハウスメーカーに比べ、都田建設なら自然の素材で圧倒的に上質な家を建てられることです。

そして、このチラシであれば確実に契約が取れると社長に再度提案しました。最初の提案からすでに1年の月日が経っていましたが、事務員の女性が私に賛同してくれたこともあり、社長もしぶしぶ承諾してくれました。

当然ですが、チラシをつくり新聞に折り込むにはお金がかかります。今回のチラシでは、数百万円ほどになることもわかりました。正直、当時の都田建設ではかなりの出費です。**「社長も腹をくくってくれた。私も何が何でも社長の念いに応えなければ」という強い念い**で、私はチラシを片手に、再び浜松中の家を訪ね歩きました。イベントなども開催し、私や社長が直接お客様とコミュニケーションすることで、都田建設の家づくりのこだわりを知ってもらう場も設けました。

気がつけば1年後には、それまで年間1件しかなかった成約数が24件に増えました。いよいよ夢は実現に向かって動き出していきました。

社長就任、実践から見つける「答え」

夢はここでかなえればいい

都田建設に入社してからすでに3年の月日が経っていました。年間の着工件数は30件を超え、私もそれなりにではありましたが、家づくりに関する知識やノウハウを着々と身につけていきました。

そんなある日、あることを思い出します。「3年後の独立」です。社長も気にしていたようで、「どうするの?」と聞いてきてくれました。

ちょうどそのころは仕事量が増えたこともあり、私より若い社員を迎え入れ、あれこれと教えている最中でした。今私が辞めたら、会社はもちろん、その先にいるお客様に迷惑がかかる。それは自分が望むことではない。そう思った私は、これまで培ってきたことを新人にあと2年間ですべて伝え、それから改めて会社を去ろうと決意し、社長にそう伝えました。

ところが2年という期間では、家づくりのノウハウを伝えきることは到底できませんでした。

でも独立することは自分で決めたことです。どうしようか迷っていた私に、社長はこう言いました。「ところで蓬台くんの夢は何なの。独立して何をどうしたいの？」。

私が自分なりの家づくりをしたいこと、その先の夢であるオーストラリア・パースの街並みのことを伝えると、「ここでやればいいよ」と言うのです。目からウロコでした。「やらせてくれるの？」という思いと、まさかこの会社でやれるとはまったくもって考えていなかったため、私を信頼してくれることに感動し、涙を流しました。

考えてみれば、**そもそも社長の夢と私の夢はリンクしている部分がかなりありました**。

お客様を第一に考えること。建てた後も、ずっとお客様のことを大切にする。家づくりにおいては素材から工法、環境配慮、技術・意識の高い職人さんに工事をお願いするなど、細部にまで徹底的にこだわる。地域を大切にすることなどです。

社長はこう続けました。**「家を建ててくれたお客様さえ大事にしてくれたら、あとはここで自由にやればいい。そうして蓬台くんの夢を実現すればいい」**。

こうして私の夢は、都田建設でかなえていくことになったのです。

「考え方」や「心構え」を世に伝えよう!

私たちの念いを形にした、地元産の木材や土、石材といった自然素材をふんだんに使った家なども積極的に手がけるようになり、お客様からの問い合わせは日に日に増えていきました。

するとある問題が起きました。社員数は十名規模とそれなりに増えていたのですが、問い合わせや工事数が多すぎて、現場がまわらなくなっていったのです。

家を建てる技術のこだわりもかなり高いレベルにありましたから、仕事をお願いできる職人さんも限られています。しまいには現場の工事能力のキャパシティを上回る数の受注を受けてしまい、工事期間が遅れたり、都度の対応が遅れるなど、本来私たちが一番大切にしていること、大切にしなければならないお客様とのやり取りという核の部分が、ブレてしまうようになっていきました。

「このままではいけない」。そう思った私は、お客様に対する姿勢を改めようと考えました。

一番大事なことは、家のデザインや使っている素材ではない。目の前のお客様に対して、いかに真摯《しんし》に向き合えるかどうかなのだと。

年間に何棟家を建てて、どれくらい儲かるのかといったことではなく、お客様はどのような対応や家づくりを望んでいるのか。私たちの家づくりの根幹の部分に立ち戻るべきだと強く感じたのです。

年間50棟ほどの家を建てるまでに会社は成長していましたが、お客様にとってはそのようなことは関係ない、50分の1の家づくりではなく1分の1の家づくりなのだ、このことを改めて再確認しようと強く誓いました。

具体的には家を売るというよりも、もっと深い部分にある「なぜ、その家なのか」

「なぜ、このようなデザインになったのか」「だからこのような設計になり、この素材を使おう」、このような家づくりに変えていきました。

先の自然素材でたとえれば、自然素材を扱っているのは、見た目が良かったり話題になっているからではなく、自然と共存する家づくりが私たちの家づくりにおける考えなのですと。

変化はチラシのデザインにも表れました。それまでは先に説明したとおり、お客様が好みそうなデザインと価格を載せていましたが、今伝えたような家づくりに対する私たちの根幹の念いをメッセージとして掲載するようにしました。

何かトラブルがあった際、すぐに駆けつけることができる。アフターフォローを迅速に行いたいとの念いから、仕事を請けるのは会社から1時間19分以内にお住まいのお客様に限らせていただくことにもしました。それは「119」というお客様と私たちとのコミットメントです。

実際、トラブルが発生した場合には、私たちは1時間19分以内にお客様のもとに伺うことを心がけています。

気がつけば、他社との相見積もりを取るお客様がいなくなっていました。**都田建設**

の考えやコンセプトに共感するから家づくりをお願いしたいというわけです。以前にも増して、家づくりの打ち合わせは上質さを求める方々と深いものになっていきました。

経営に必要なのは「右手」と「左手」

次第に私は、経営の多くのことを、社長から任されるような立場になっていました。なかでも多くの時間を費やしたのが、マネジメントです。厳しく言っても同じ失敗を繰り返す。何度言っても悪いクセが直らない。あるいは直そうとしない。そのような人の問題と毎日接していると、「このままではいけない。根本的にマネジメントや経営について学ぶ必要がある」と考えるようになっていたからです。

そこで経営に関する本を読み漁るようになりました。先のインプットの量の話の続きです。松下幸之助、ピーター・ドラッカー、稲盛和夫氏の本から読み始め、二宮金次郎、渋沢栄一など、著書を片っ端から購入し、学んでいきました。また心理学者の本なども読み漁りました。

インプットが増えるにつれ、あることがわかってきました。「見えてきた」と言ったほうが正しい表現かもしれません。それは、どの経営者も根本の部分ではみな同じようなことを言っているということです。その根本とは、私がまさに部下のマネジメントで悩んでいた「**心**」、すなわち精神的な部分でした。

たとえば松下幸之助は、どの本を読んでも必ず「**素直**」というキーワードが登場します。『素直な心になるために』というタイトルがついた著書もあるほどです。

私は本を読み始めたころ、この「素直」の意味がわかりませんでした。稀代の経営者である松下幸之助が、なぜ「素直」なのだと思いました。最初のころは、経営の現場ですぐに使えるテクニックを知りたいと思って本を読んでいたからです。

同じようにピーター・ドラッカーの本では、「**真摯**」という言葉が多用されています。

こちらも最初は驚きました。ドラッカーはアメリカのみならず、世界中で稀代の経営学者として知られ、著書もかなりの数に上ります。「マネジメント」という言葉を定義し、「マネジメントの父」と称されるほどの人物です。なぜそのような偉大な人から「真摯」という言葉が出てくるのか。ビジネススクールで学ぶような内容を期待していた私は、最初は戸惑ったものでした。

しかし、本を読み込むにつれ、私は次第に偉大な先人たちの言葉を理解していきました。同時に、社員に対するマネジメントはもちろん、まわりの人に対する態度や接し方が大きく変わっていきました。


大切なことは小手先のテクニックではなく、素直な心や真摯な姿勢で相手と接することだと。またそのような心を持ち、生きていくことが重要なのだと。


一方で、会社は利益を出さなければ存続しませんから、そのためのスキル、ノウハウなどの領域の勉強も、先の読書と平行して行っていきました。

こちらでも意識したのはインプットの量です。海外のビジネススクールの講座にも参加するなど、その手のセミナーに数多く参加しました。そしてその手のセミナーに行けば行くほどわかったことは、あくまで小手先のテクニックしか学べない、ということでした。

実際、毎日現場でお客様と対峙している私にとって、教わった方法を実践すれば、確かにお金を稼ぐことはできるかもしれません。でもセミナーで教わったやり方では、いずれお客様は離れていってしまう。つまり**本物の信頼関係**は築けない。そう思ったからです。

私は最近、「右手と左手」というフレーズをよく使います。オーストラリアで学んだ、バランスと近い感覚です。

今お話しした**「素直」「真摯」といった心の領域である右手がもちろん重要なのですが、もっと言えば、右手を支える左手のスキル、ノウハウもそれなりに大事だということです。両方のスキルを鍛えること、バランスが大切だと。そして繰り返しになりますが、やはり学ぶ量が重要であると。**

このことは建設や経営に限らず、どんな分野にも当てはまると思います。

上　社員3人の頃の12帖の事務所を再現。そこには成長の軌跡が
下　社長就任前の2006年の蓬台は、家づくりセミナーを後にリーダーに成長する金原にやってみせる

人生観や価値観をつき詰める

ドロフィーズキャンパス誕生

お客様や他人に対する取り組みや接し方を大切にする。人間性を高める。このような心の部分に重きを置いた都田建設の家づくりは、私たちの考えに共感するパートナー会社様とお客様とともに、確実に成長していきました。ただ、このような考え方は、目に見えにくいものでもあります。

たとえば誰かを好きになったとします。その人のどこが好きかと聞かれたら、服装とか髪型とかではないと思うからです。ぱっと見ではわからないかもしれない、その人の考え方とか性格とか、キャラクターだからです。

私たちの仕事に置き換えてみれば、お客様は自然素材を使った家やライフスタイルを意識した商品ももちろん好みでしょうが、もっと深い部分、すなわち私たちの考え方、働いているメンバーの接客や話し方、仕草といったところからにじみ出るキャラクターを気に入っていただき、「都田建設で家を建てたい」「この担当者なら任せられる、お願いしたい」と考えてくださると思うのです。

そして、このようなお客様の念いは、私たちの側もまったく同じなのです。

高額な家を注文してくれた。高価なインテリアをたくさん買ってくれた。そのようなことでお客様のことを「好きになる」のではありません。

私たちに対する接し方、打ち合わせの際などに家族とのやり取りで見せる、ちょっとした仕草や優しい言葉がけ。お子様やパートナーに対する愛情など。その人なりのパーソナリティ、価値観や人生観といったものに、人は本当の価値を見つけ、惹かれるのではないか。そう考えるようになっていったのです。そして、**このような価値観や人生観を、私たちはさらに磨き高める一方で、何か形にできたら面白いのではない**

かと考えました。

もっと私たちとお客様。私たち社員同士。さらには社員、パートナー企業様、お客様と社会といった感じで、共通の価値観や人生感を形にした場をつくり、価値観に共感する人が集まれば、以前にも増して都田建設の存在を大切にしたいと思う人がつながっていくのではないか。何よりお客様、さらには地域、社会が幸せになるのではないか。

このような念いから生まれたのが、ドロフィーズキャンパスです。

夢、愛、自由、仲間――それが「DLoFre's」

2007年に社長に就任した私は、先のようにメンバーやお客様の幸せを考える一方で、**改めて自分の幸せについても考えてみました。すぐに答えは出ませんでした。そこで自分のこれまでの歩みを振り返り、幸せだと感じたこと、うれしかった思い出などを50個ほど、紙に書き出してみました。**

「親から褒められた」「野球で優勝した」「ひとり暮らしを始めた」「彼女ができた」

「テストでいい点数を取れた」「新幹線に初めてひとりで乗った」など。そうして最終的に残ったフレーズを眺めていたら、次のようなキーワードが共通していることが見えてきました。

「夢」
「愛」
「自由」

夢に向かっている自分がいて、その自分を表向きには叱咤しながらも、陰で応援してくれている両親の愛。静岡、オーストラリア、千葉などでの出会いや経験で得た自由。

ただもう少し深く考えていくと、一緒に働いている仲間や家族といった他者の存在も、私が幸せな人生を送るには、必要不可欠な要素だと見えてきました。

私はよくひとり旅に出かけますが、イタリアのローマを訪れたときのことです。

ローマの中心部にはポポロ広場という名所があり、その広場から街が放射線状に伸びています。その様子が高台から見られるのですが、ある日の夕時、その様子を眺めていました

いかにもヨーロッパらしい、ローマの建物の特徴である赤い屋根と夕日のコントラストが美しく、私はしばしその風景に目を奪われていました。ところがしばらくすると、あることに気づきます。まわりにいるのは家族やカップルばかり。ひとりぼっちなのは自分だけだと。私は急に寂しくなると同時に仲間が恋しくなり、ホームシックに陥りました。当時すでに何十回と世界をひとり旅していた自分にとって、初めての感覚でした。

自分は仲間も好きだ、仲間のいない人生はハッピーではないと。

そこで先の3つのキーワードを英語に置き換えた「Dream」「Love」「Freedom」の頭文字を取った「DLoFre」に、仲間を意味する複数形の「's」をくっつけた「DLoFre's」(ドロフィーズ)という私の幸せの概念が完成したのです。

そして、**私だけの幸せの概念としてではなく、これから都田建設が企業活動を進めていく上での根幹として。先に書いた具現化の場の名として、この「ドロフィーズ」**

を以降、都田建設のブランドとして使うようになっていきました。

1万坪のキャンパスに18の施設が点在

都田建設の人生観を具現化し、価値を共有するお客様とのタッチポイントとする。このような考えでスタートしたドロフィーズキャンパスは、2009年にインテリアショップをオープンしたのを皮切りに、ドロフィーズガーデン&ヒル、ワークショップ施設、ファブリックショップ、ビンテージギャラリー、カフェ、レストラン、ブックストア、ライフスタイルデザインセンター、ドッグラン、建築イデアルーム、ドリンクバースタンド、ホステルなど、施設を少しずつ増やしていきました。2019年11月現在では約1万坪のキャンパス内に18の施設を運営するまでになりました。

またキャンパスから歩いて15分ほどの場所にある、天竜浜名湖鉄道天竜浜名湖線の「都田駅」も、ドロフィーズの概念を具現化した施設としています。フィンランドのアパレル企業「マリメッコ」のファブリックで駅舎内をリメイクし、淹れたてのコーヒーや手づくりクッキーを味わえるカフェを併設。ドロフィーズらしいインテリアで装飾した列車も走っています。

「温泉も大した観光資源もない場所にレストランやホテルなんかつくってどうするんだ？」

まわりからそう言われることがよくありました。

私の答えはいつも極めてシンプルです。先ほど紹介したとおりだからです。レストランでゆったりとお食事していただいたり、宿泊していただくことで、より深く、都田建設とそこで働くメンバーの人柄、その先にある私たちの夢や未来、人生観を深く感じていただける。感じていただきたい。そう思っているからです。

繰り返しになりますが、ホテルに泊まっていただくことが目的ではなく、私たちのことをより深く知ってもらう。そのための施設という位置づけです。

このような考えですから、敷地内にはレストランやホテルといった商業施設だけではなく、**ドロフィーズの空気感を感じてもらえる場づくりをいろいろと施しています。**丘や池をつくったのはそういった意図からですし、あちらこちらにチェアやデスクを配置しているのは、キャンパス内を自由に歩いたり、その場に座ってゆったりとしているだけでも、私たちの人生観を感じ取ってもらえると思っているからです。

私たちのこのような念いは、お客様にも着実に伝わってきているのでは、と感じています。「猫も歩かない場所」と揶揄された田舎町・都田に、今では月の来場者が1万人以上にもおよぶこともあります。

何よりうれしいことは、**この1万人のほとんどが、私たちの人生観に共感、あるいは興味を持ってくださっているということです。**

大きな改革は責任を取れるトップが行う

「人生観、価値観なんてどうでもいい。俺はただ家づくりがしたい」

「設計職で入ったのに、なんでレストランで接客しなければいけないの?」

先ほどもお話ししたとおり、経営で大切なことは右手と左手です。家づくりにおける高い技術はもちろん必要ですが、それだけでは小手先になってしまいます。ドロフィーズの現状を見れば、私がやってきたことが間違いでなかったことを今では確信していますが、当初ドロフィーズキャンパスの構想を話したとき、社員からはこのような反対意見も少なからずありました。
特に大きかったのが、職人気質な技術職からの反発でした。彼らは、大抵このような意見を私に言ってきました。「技術を磨き、より高いレベルの家をつくることのほうが大事だ」。もちろん、私はそのことは当然のこととして、新たな価値を生もうとしていたわけです。
結局、私の考えに賛同してくれるメンバーがいる一方で、「どうしても納得できない」と、会社を去っていくメンバーもいました。

大きな改革を進めるときには、辞めていく社員のことも含め、相当な覚悟と責任を持ってプロジェクトを進めることのできるトップの存在が必要不可欠だと私は考えています。別の言い方をすれば、覚悟のない改革は成功しないということです。

いい例が最近よく言われているティール組織です。リーダーをつくらないということは、責任の所在が不明瞭ということです。私から言わせれば、そのような状態で、どうやったら抜本的な改革を推し進めることができるのか。**何事もうまくいっているときを前提にするのではなく、うまくいかないときを考えたマネジメントこそが大切**

で、その際に自らがすべてを背負おうとする責任力を持つ存在が必要です。

やると決めたら覚悟を持って取り組む。そしてその責任が取れるのはトップしかいません。

人はなぜDLoFre'sの空間に心惹かれるのだろう

Chapter
3

小さいことに価値を込める場づくり

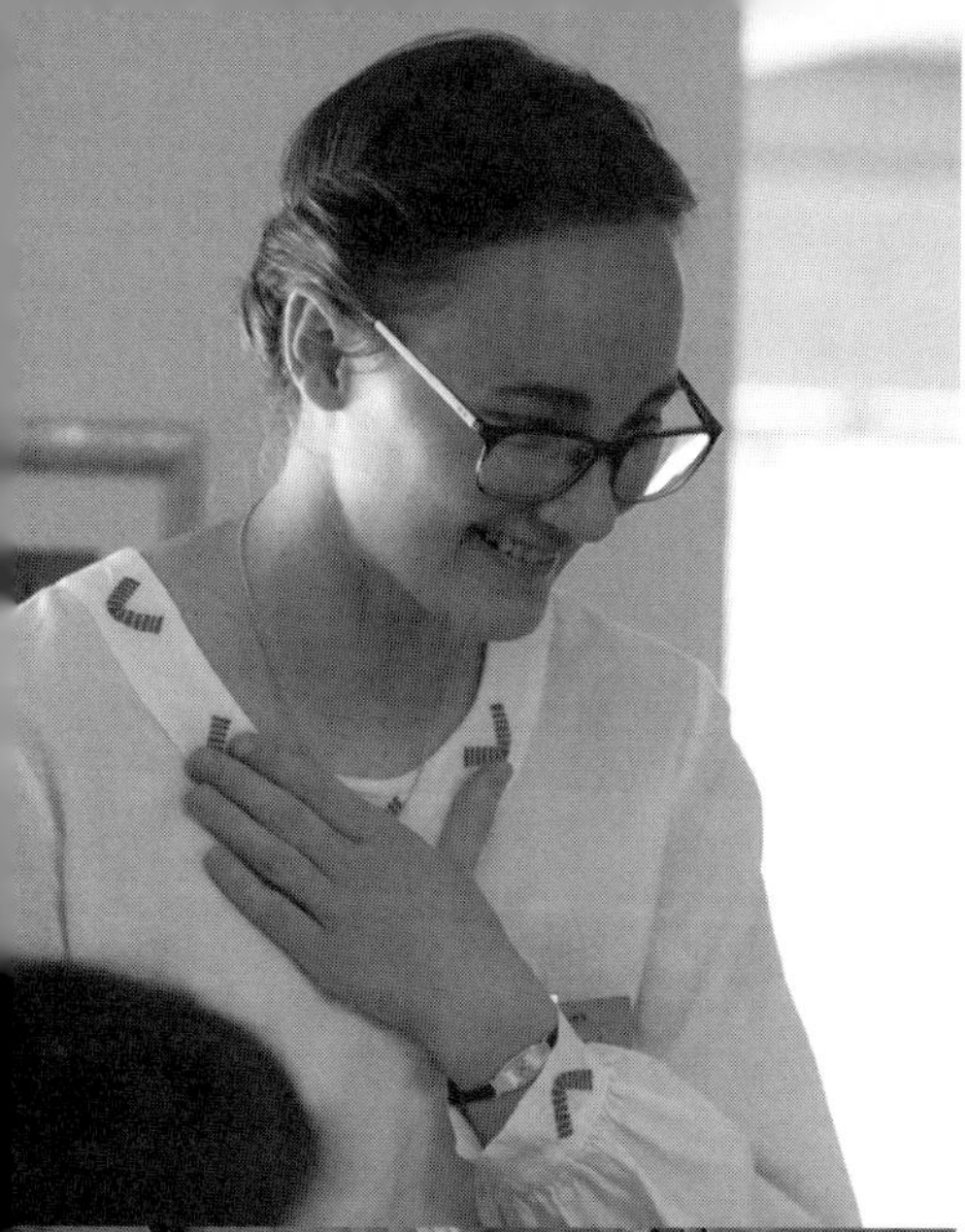

上　フィンランドからの奨学生が都田でボランティア
下　古き良き北欧雑貨が集まるヴィンテージギャラリー

健康・エコロジーを意識したライフスタイル

40度の熱が下がらず1カ月半の入院

今や1万坪にまで広がったドロフィーズキャンパスですが、初めから順調だったわけではありません。

社長に就任し、ドロフィーズキャンパスの構想も描けた。「よし、やるぞ！」そんなふうに意気込んでいた矢先、あるトラブルが私を襲いました。40度を超える高熱が数週間続いたのです。

あまりに長い間でしたので、病院に行って精密検査をしたのですが、数日間、原因はよくわかりませんでした。

ただ、肝機能が異常に低下していること。その後判明したのは、がん患者など、体力が極度に落ちた人に見られる「サイトメガロウイルス」という、いかにも体に悪そうな名称のウイルスが私の体内にいることがわかりました。

体調不良はすぐには治らない、ウイルスを殺すために高熱はそのまま出し続けておく必要がある、と医師から言われました。結局、そのまま入院することとなりました。

入院期間は1カ月にもおよびました。都田建設に入社して以来、夢中で働いていたので、何だか急にぽっかりと時間にも心に穴が空いたような感覚でした。

ほんの少し前までは精力的に動き回っていたのに、今は毎日、病院のベッドでただ寝ているだけ。見えている景色は、都田の自然とは程遠い、病院の無機質な天井でした。

私は天井を眺めながら、あれこれと自分の人生を振り返っていました。特に、なぜ体調を崩したのかについて。すると食や睡眠時間など、ふだんの生活習慣についてあまり意識することなく送っていたことがわかってきました。先生は直接言いませんでしたが、今の体調不良は生活習慣の悪さが招いたものではないのかと。退院したら、生活をすべて見直そうと。

もともと自然素材の建材などを使うことは意識していましたが、**この入院をきっかけに、私の健康や環境に対する意識は、より一層高まることになりました。**

企業活動全般において環境を意識した取り組みを行っていこう。会社の仲間に私のように体調不良になってほしくない。そんな念いもあったと思います。このような念いから、先にも触れた環境活動にも、より力を入れることになりました。

そしてドロフィーズキャンパス最初の施設、ドロフィーズインテリアをオープンした際には、**身体と心の健康や、地球環境に寄与するものを徹底的に置こうと決めました。**

実際、ドロフィーズインテリアでは、私たちの人生観を表現するインテリア商品に加えて、オーガニック食品やワインを中心に、エコロジーで体に優しい商品をセレクトして置いています。

この念いはその後、ドロフィーズキャンパスに次々と施設がオープンしていく際にも、空間とモノに宿していきました。

体に優しいだけではありません。急ぎすぎない、無理をしない。そのようなスローなライフスタイルも、あわせて提案していきました。

またこのようなライフスタイルは、私たちの人生観を表現するものでもあります。

フィンランドとの出会いは偶然ではなかった

あるとき、自分たちが吟味してセレクトしている商品に、共通点があることに気づきました。北欧の品が多い、特にフィンランドの商品が多いということでした。フィンランドのことを調べていくと、丁寧でゆったりとした暮らしや生き方といった、まさに私たちが目指している価値観と合致していることもわかりました。

たとえば、フィンランドでは**「ものは使い捨てではなく、長く大切に使う」**との考えが定着しています。

使い捨てをしない理由は、**「ゴミを増やしたくない、環境に負荷をかけたくない」**というドイツなどの環境先進国と同じような価値観を持っていることも知りました。

たとえば椅子ひとつをとっても、**「買った一脚を一生涯大切にする」**というフィンランド人が大半です。一方、日本であれば引っ越しする度に家具を買い換える人も多いと思います。フィンランドでは高齢者が老人ホームに入居する際にも、マイチェアーを持ち込むのは、家具を家族のように捉えているのだと思います。

家は建てたら終わりではない。定期的にメンテナンスを施したり、家族の成長にあわせて間取りを変えていく。スクラップ・アンド・ビルドではなく、丁寧に手入れすることで長く暮らせる住宅を提供する。このようなフィンランド人の考えは、家づくりにおいても、私たちの考え方と同じでした。

自然に対しても、フィンランド人はとても優しく接しています。そしてこの「自然」というキーワードは、私が故郷の和歌山から静岡に、そしてオーストラリア・パース、千葉と移り住んでいった場所で持っていた共通の価値観でもあり、私が世界の多くの都市を旅するときに観て感じる視点に常にあるものでした。もちろんここ都田もそうです。フィンランドにはそのような共通項も感じました。

何より共感したのは、私たちが最も大切にしている人との出会いを、フィンランド人も大切にしていることでした。**一言で言うと、「丁寧さ」です。**

つまり、**フィンランドの特徴や文化は、私たち（ドロフィーズ）の人生観にとても**

似ている、ということなのです。

お客様に私たちの人生観を伝えることが、ドロフィーズキャンパスの役割ですから、それならば名前も「フィンランドヴィレッジ」として、日本人に紹介しよう。このような自然の流れで、ドロフィーズとフィンランドとの関係性は始まりました。

もうひとつ、私がフィンランドと縁を感じるようになった出来事があります。奇しくも初めてフィンランドを訪れていた2008年9月、世界的な金融危機「リーマン・ショック」のニュースが飛び込んできたのです。

当時の都田建設はこれからまさに成長していく段階にありました。前年に経営者となった私は、どのように舵を取っていけばいいのか。企業のトップとして考え、メンバーに伝える義務がありました。

そこで私は経営に関する本を読み漁ったり、建設業界で成功者と言われる先輩経営者の経営手腕などを勉強していました。するとそのほとんどが、事業を拡大しお金を稼ぐことが、企業としての成長・成功であると書かれていました。つまり経済至上主義であったわけです。

ただ私にはどうしても、目に映っていた「金、金、金」という考えが腑に落ちず、これから先どうすればいいのか、悩んでいました。そこに起きたのがリーマン・ショックです。世界から消えたお金は80兆～100兆円とも言われています。つまり、これまで多くの人が成功の証として信頼していたお金は、本当の意味での信頼ではなかったのです。言い方を変えれば、お金を軸とした社会は、裏切ることがあるのだということです。

フィンランドはそれほど金融ビジネスに力を入れてないこともあり、リーマン・ショックであたふたしていたアメリカや日本と比べると、とても落ち着いていました。

そんな雰囲気も影響したのでしょう。私はヘルシンキから田舎町に向かうバスのなかで、青い空、黄色に紅葉する白樺の木々を眺めながら、**「これからはお金やモノの先にある成功が中心ではない、フィンランド人が考えるような、本当の意味での幸せを実現する経営が求められているのだ」**と思いました。そして自分は、そちらに舵を切ろうと決めたのです。

言葉を選ばずに言えば、世界中が動揺しているなかにあって私は、**これから始まる新たな時代に対して、ワクワクした気持ちでいっぱいでした。**

「ピースフルな場」とたとえられる美しい空間は、人々の夢や願いという未来へのワクワクが生まれる

丁寧な人づきあい
～個を大事に～

輝きを放つまで「待つ」

人とのつきあい方、成長を見守る姿勢などに関しても、フィンランドには共感する部分が大いにあります。一言で言ってしまえば、とにかく「丁寧」なのです。スピードとか規定を意識することなく、その人の個性を尊重し、ゆったりと見守りながら成長を待つ。そんな姿勢を感じ取れます。

教育や福祉がいい例です。フィンランドでは子どもが本当にやりたいことを見つけるまで、教育費は無料です。同じく福祉に関しても、生涯無料で受けられる場合が大半です。

私たちが何より共感したのは「待つ」という心を持っていることです。

たとえば、小学校を留学した子どもがいます。日本では、まずないでしょう。というより、まわりの子どもとは違う、劣っていると親や学校が勝手に決めつけて、一般ではない専門施設などで学ばせる場合がほとんどだと思うからです。

フィンランドは違います。勉強ができないのはその子の個性だと捉え、勉強以外の特徴や長所が見えてくるまで待ちます。

そして、このような考えは国だけでなく、フィンランド人全員が、また社会そのものが持っています。だから学校で勉強ができなくても、留年しても、バカにするような人は誰ひとりいません。

徳川家康の「鳴くまで待とうホトトギス」はまさにこの精神なのです。織田信長や豊臣秀吉のように力ずくや知恵で強引に天下を取るのではなく、ゆったりと、じっくりと待って獲った天下だからこそ、その後約270年も続く江戸時代を築けたのではないか、そう思えるのです。

都田建設でもフィンランドと同じように、個を大切にしています。会社の経営を考えると、フィンランドのように待てないのが正直なところですが、**個が輝きを放つまで待ち続ける。改めて、自分に言い聞かせたいと**思います。

家づくりもゆっくりと

フィンランドの「**丁寧**」というキーワードは、都田建設の家づくりとも大いに合致します。わずか1カ月ぐらいで建ててしまうハウスメーカーもあるようですが、都田建設が1軒の家を建て、お庭までつくるのに要する期間は平均して約半年。熟練の大工さんや他の職人さんが一つひとつの仕事を手間暇かけて、計画どおりに進んでいるかどうかを確認しながら、まさしく「丁寧」に家をつくりあげていきます。

設計段階、打ち合わせも丁寧かつゆったりと進みます。**お客様のペースに合わせ、無理のない流れで打ち合わせの日時を調整します。その一方、ただ打ち合わせが長引けばいいとは考えていませんし、そのような仕事の進め方が丁寧だとは思っていません。**

1回1回の打ち合わせを充実させるために、その日はどんなことを話し合い、どこまで決めるのか。仮に決められなかったとしたら、こちら側の提案のどこに不備があったのか。お客様のペースに合わせながらも、打ち合わせの事前準備を丁寧に行うことで、内容の濃い打ち合わせを目指しています。

そして、このような現場の業務やお客様とのやり取りを、都田建設では担当メンバーを信頼し任せています。この「**信じる**」というキーワードも、私たちがフィンランドに共感する点です。フィンランド人の多くは、「自分たちのスローで丁寧な生き方が正しい」と、心底信じているからです。

翻って日本はどうでしょうか。国の政策や社会の風潮を、一般の市民は信じているでしょうか。

私は、前社長（現会長）が私のことを信じてくれたから、私も会長のことを尊敬し信じたから、今の都田建設、ドロフィーズがあるのだと思います。**だから今いる都田建設の全メンバーのことも、とにかく無条件で信じてあげたい。そう、思っています。**

「距離感」で変わる場の空気

パーソナルスペースの大切さ

フィンランド人はサウナが大好きです。国民的嗜好、と言ってもいいと思います。
実際、街のあちらこちらにあります。
だから私もフィンランドを訪れた際は、必ずと言っていいほどサウナに入ります。
そしてサウナに入っていると、あることに気づきます。
ふだんはシャイでどちらかというと話しかけづらいフィンランド人が、サウナでは心を開いているような気がするのです。陽気になって初めて会う人とも気さくに楽しそうに、ゆったり会話を楽しむのはサウナのなかでよく見かける光景です。**心を開いていますから、お互いの距離感も街で会っているときは違い、ぐっと近づきます。**

この感覚は、日本の温泉に入ったときと似ています。リラックスのあまり、つい隣の人に話しかけてみたり。ふだんであれば話さないような、プライベートの深い話までしてしまう。そのような感覚を覚えるのです。

単純に裸になっているからなのかどうか理由はわかりませんが、私はこのようなお互いがぐっと近づく距離を「**パーソナルスペース**」と呼んでいます。そして、この「パーソナルスペース」をいつも意識しながら、人と接するようにしています。

たとえば、初対面の人にいきなりプライベートなことを聞いたり、話したり、逆に聞かれたりしたら、いい気持ちはしませんよね。これはパーソナルスペースに踏み込む時期ではないのに、踏み込んでしまっているからです。

だからといって、**いつまでも上辺だけの浅いつきあいでは、相手のことを深く知ることはできませんし、何より仲良くなれません。そして真の信頼関係を築くには至りません。**

上辺のつきあいはトラブルも起きませんが、人との取り組み方を人生観にしている私たちにとっては、それでは面白くありません。

そこで私たちは、相手の個を大切にしながらも、まるでサウナのなかで話しているように、相手との距離が近づくよう意識しています。

具体的には画一的なサービスや接客ではなく、「あなたのことを知りたい、仲良くなりたい」、そんなオーラを言ってみれば意識的に発することで、パーソナルスペースに入り込んでいきます。

実際、**ドロフィーズキャンパスに来ていただけると気づくと思いますが、私たちの接客はマニュアル化されていません。**それぞれのメンバーが、お客様のパーソナルスペースに入るにはどうしたらよいのか、踏み込みすぎないように注意しながら、お客様と接しています。ですからおもてなしの仕方も千差万別です。

ただ言えることとは、**自分がパーソナルスペースを開放しない限り、相手も心を開かない、ということです。だから私たちのメンバーは、常にオープンです。**

もちろん**お客様によってはパーソナルスペースに入られることを望まれない方もいますから、そのあたりのさじ加減も含め、毎日が勉強です。**

もうひとつ、都田建設では社員同士がニックネームで呼び合っています。私は「だいちゃん」、会長は「さとちゃん」、他にも「まんちゃん」「きんちゃん」など、年齢やポジションに関係なく、全員がニックネームで呼び合っています。ですから20歳以上歳の離れた新入社員も私のことを「だいちゃん」と呼びます。

ニックネームで呼び合っているからといって、馴れ合い的な関係にはなっていません。お互いを尊重し、礼儀や礼節はきちんと弁《わきま》えています。

やってみるとわかりますが、ニックネームで呼ぶと相手との距離感が一気に縮まることを実感できます。あなたの組織でお互いの距離感をより近づけたい方は、ぜひやってみてください。

自然との共存

先に述べたとおり、**自然との距離感も、私たちとフィンランドが共通する価値観です。**

フィンランドでは「森はみんなのもの」という意識があり、収穫期になるとベリーやキノコを採るなど、街の人が積極的に森に入っていく文化があります。

ただ森のなかには一般の住宅も建っていますから、その際の配慮も、先ほどのパーソナルスペースと同じです。相手の様子を伺いながら、パーソナルスペースに入ってきてほしくない家であれば、近寄ることはありません。逆にオープンな家であれば、積極的にコミュニケーションしています。森を生活のなかの一部として、互いのプライバシーを守りながら共存することを一人ひとりが大切にしようという意識が定着しているのです。

一方、日本はどうでしょう。

ここまでが自分の家の土地だから、一歩たりとも踏み入るな。そのような自分の権利ばかりを主張する人が多いのではないでしょうか。今でこそ減りましたが、隣との家の境界に高い塀を建てるのは、いかにも日本らしいと感じてしまいます。

壁を作ってパーソナルスペースをシャットダウンするのではなく、お互いが話し合いの場を持つ。そう、あってほしいものです。

ドロフィーズキャンパスも森のなかに位置しています。畑や池、田んぼなどもあり

「境界のあいまいさ」が、この場に大切な何かが宿っていることを感じさせる

ます。フィンランドと同じように、田園風景の中に一般の民家が点在しているわけです。民家の点在と同じように、私たちが建てた施設も点在しています。**所有者の境界がどこも「あいまい」なのです。**

施設が建っている場所は、地元住民の方からお借りしている土地でもあります。その数約36世帯。地元の方の心意気でお借りしています。

地元の方はこう言います。「先祖代々の土地だから売ることはできないけど、誰かのためになるんだったら、自由に使ってくれていい。ただ、手入れはお願いしたい」。そうは言いながらも、ご自分の土地だからなのでしょう。私たちの施設が建っているご自分の土地の草むしりなどを時間があるときなどにしてくれます。

そのような心意気を知っていることもあり、私たちの側も、住民にお困りごとなどがあればすぐに駆けつけるような気持ちを常に持っています。

民家が点在していることは、ドロフィーズキャンパスを訪れるお客様も知っているのですが、ここでもフィンランドと同じです。民家にズカズカと入っていくような来場者はいません。自然と距離を保ちながら、ドロフィーズキャンパス内を移動しています。

一方、住民の方も庭先をきれいに使ったり、来場者とも気さくに話したりされています。

お互いが譲り合いの心を持つ。尊重し合い、程よい距離感を保つ。個を大切にしながらも、相手とのコミュニケーションを深めていく際に必要なことだと、私たちはフィンランド、ドロフィーズキャンパスを通じて改めて学んでいます。

世界に発信する価値観

小さな組織だからこそ見ている先は世界

「尖る」という字は、小が大の上に乗っています。小さいものが大きなものに影響を与えると私は思うので、この字が好きです。

フィンランドは人口わずか500数十万人の小国です。国をひとつの組織にたとえれば、中小企業と言ってもいいでしょう。だからなのでしょうか、大企業と違って、国民一人ひとりが自分の国だとの強い意識を持っているように感じます。

たとえば政治に関心の高い国民が大半です。何か意見があるときは「どうせ言ってもダメだろう」といった風潮はなく、一人ひとりが積極的に発言する空気があります。

２０１９年12月、フィンランドの新首相誕生に関するニュースが世界で注目されました。新しく首相に就任したサンナ・マリン氏が34歳の女性だったからです。海外では女性の首相は決して珍しくありませんが、34歳というのは現時点では世界最年少です。

マリン首相誕生は連立政権のパワーバランスから生まれた椿事《ちんじ》ではありません。現在の連立政権を構成する５つの政党の党首は全員女性であり、うち４人は34歳以下だからです。そして、新内閣の閣僚19人のうち、12人が女性。34歳の女性首相の誕生はいわば必然だったのです。

日本ではなかなか信じられないことですが、フィンランドの政治が若い女性によってリードされているという事実は、フィンランド人の政治意識の高さを物語るとともに、日本はもちろん、世界全体に何かを発信していくのではないかという期待感を高めます。

マリン首相誕生についてはもうひとつ世界にアピールすべきトピックがあります。彼女は幼いときに両親が離婚、母親とその同性パートナーによって育てられました。フィンランドでは2017年に同性婚が法律で認められていますが、まさに多様性を尊重するフィンランドならではの出来事です。

経済面に目を向ければ、フィンランド人は自分の国だけではビジネスのキャパシティに限界があることも十分理解しています。実際、多くの企業や経営者が、最初から世界を相手にしたビジネスを意識しています。

たとえば、ITを活用してすべての交通手段をひとつのサービスとしてシームレスにつなぐMaaS（Mobility as a Service）は、渋滞対策や温室効果ガス対策で注目されていますが、フィンランドが世界で先陣を切って導入しています。

海外を見ているフィンランド人はビジネスパーソンに限りません。一般の人も同じです。語学がいい例です。いずれ海外に出ようと思っている若者が多く、4カ国語を話せる高校生が普通にいたりします。

都田建設も社員数は75名。フィンランドと同じく小さな組織です。そして同じく都田の人口もわずか６０００名ほどです。しかし、今では１カ月に約1万人もの人が訪れる場になりましたし、フィンランドからも多くの留学生が訪れます。

つまりフィンランドと同じように、世界とつながる場になっているのです。

そんな自信をつけてくれたのが、プロローグで紹介したお神輿イベントです。

フィンランドでお神輿を担いのだは、実は他の理由もありました。フィンランド人や海外の人の多くが持っていないもの。逆に日本人は持っているもの。そう、チームワークです。この日本ならではのチームワークがどこまで世界に通用するのか。そのことを確かめてみたい、チャレンジの場でもあったのでした。

チャレンジの結果はすでに紹介したとおりです。当初、スムーズに進んでいなかったイベントでしたが、ドロフィーズのチームワークを投入することで、見事大成功。お神輿イベントは私たちのチームワークが世界でも通じると自信になったとともに、これから先、フィンランドが世界を相手にビジネスをしているように、私たちも世界に向けたチャレンジを自信と誇りを持っていくことの覚悟を確認し合えるイベントでもありました。

都田駅を借りて運営しているのも、このような世界を目指す意思の表れでもありました。**規模こそ小さいですが、駅は駅です。ここから鉄道に乗れば、日本中はもちろん、世界のどこまでもつながっていける。そのようなことをイメージできる場だと感じたからです。**

実際、海外に行くとまさに世界とつながっているようなセントラルステーションがあります。まさにイメージはそのステーションなのです。たとえ無人駅舎でも。

小さな組織は、私にとって幼いころから居心地の良い場所でもありました。地方の田舎町の小さな学校、少数精鋭の野球チーム、そしてここ都田ドロフィーズ。大手ハウスメーカーにいたからこそわかる、小さな組織の心地よさ。そして小さな組織だからできることを、私は自然と求めているのかもしれません。

温故知新

古き良き文化やデザインを大切にしながらも、新しい文化や感覚を取り入れる「温故知新」の考えも、フィンランドと私たちが共通する点です。

たとえば、日本でも大変人気があり、世界中で愛されているブランド「マリメッコ」。デザイン自体は40～50年前の伝統的なデザインを活かしつつ、ファブリックをさまざまな現代風の色使いや小物にアレンジしたりしています。たとえば、私たちが日本の着物の帯で使ってみたり。

カーテンやコップなどはデザインが何十年と変わっていませんが、実際に使ってみると、飽きのこない、長きにわたり愛されている理由がよくわかります。

一方、食などにおいては、古き良き料理法を大切にしながらも、今風のテイストや盛り付けにする「**ヌーベル・キュイジーヌ**」という考えがここ最近見られます。

ドロフィーズキャンパスにあるレストラン「ナインセンスダイニング」では、まさにこのことを意識した料理「ＭＩＹＡＫＯＤＡキュイジーヌ」を提供しています。フィンランドやヨーロッパ料理と都田の地産地消食材の融合です。

家のデザインや家具においても、都田建設では和と洋、特に和と北欧の融合が多く見られます。和室の畳部屋に北欧チェアを置いてみたり、土間を上がると畳部屋ではなく、フローリングのリビングが広がるような設計、畳の部屋とサウナがつながる設計、そしてひとつの家にサードプレイスがいくつもある設計などです。

「SISU（シス）」という考え

武士道に通じるアイデンティティ

フィンランド人は「SISU（シス）」という言葉、ならびに考えをとても大切にしています。

「SISUとは○○である」と、フィンランド人自体もうまく表現できない概念のようなものなのですが、フィンランド人の誇り、フィンランド人ならではのアイデンティティと言うべきものかもしれません。自らと国に誇りを持って、何があっても後ろを見ずに力強く前向きに生きる。そんな精神であったりします。

私はこのＳＩＳＵが、日本人がもともと持つ価値観や精神に近いのでは、と感じています。

今の日本人が持っているかどうかはわかりませんが、一昔前の、今の豊かな日本をつくった先人の多くが持っていた「武士道」のような精神です。

そして武士道のような心や価値観を持っていたからこそ、戦争や災害といったさまざまな苦労や苦難があったにも関わらず、乗り越えられてきたのだろうと思います。

このＳＩＳＵに通じる昔ながらの日本人ならではの価値観や心を、都田建設では非常に大切な考えとして、社員教育などに活用しています。たとえば漢字。人を愛するという言葉ひとつにしても、英語であれば「love」だけですが、日本語には数多くの言葉があり、相手によって使い分ける必要があります。

たとえば、「**慈**」「**仁**」「**忠**」「**義**」などはいい例です。**自分の立ち位置。相手の立ち位置。さらには対相手ではなく公共や社会に対する愛や優しさなどが、これらの言葉には込められています。そしてその時々で使い分ける必要もあります。**

まさに私たちがお客様一人ひとりに接するときの価値観そのものなのです。

ＳＩＳＵは最近日本でも話題となっていて、私の知人も含め、詳しく解説された本が出ています。ご興味がある方は、ぜひ読んでみることをおすすめします。改めて私たち日本人が忘れかけていた大切な何か、日本人ならではのアイデンティティを再認識できるかもしれません。

サンタクロースは日本の神様？

日本人は、目に見えないけれど、何かそこにいるのではないか、いわゆる神様、妖怪、精霊などの存在を信じる人が多いです。実際、神社は全国各地にありますし、山神様やカッパ伝説などの土着信仰はいまだにあります。

フィンランド人も同じような価値観を持っています。小さな妖精「トントゥ」はその代表例です。

トントゥはサンタクロースのお手伝いをしている妖精で、森、海、湖といった自然のなかだけでなく、家、街、サウナなど、フィンランドならびにフィンランド人の暮らしのあちらこちらにいると信じられています。日本でいえば『となりのトトロ』に出てくるお化けのようなイメージです。

そして**日本と同じように、トントゥはじめ自然のなかにいる妖精が土着信仰的な物語として、子どもの教育などで登場します。**

たとえば日が暮れてからも森で遊んでいると、ある妖精に森の奥まで引きずられるから、日が暮れる前に家に帰ってきなさい、と。日本の神隠しと同じです。

そもそもフィンランドが故郷とされるサンタクロースは、言わば日本の神様のような存在だと私は思っています。世界中の子どもたちに夢と愛を届ける象徴だからです。

ドロフィーズキャンパス内の一角に、「叶《かのう》地蔵」というお地蔵様が祀ってあるエリアがあります。今から50年ほど前、地域住民が地中を掘っていると、頭の形がまるでお地蔵様のような石が出てきました。そしてその石を祀ると、さまざまな願いが叶った。そのような物語が伝えられるお地蔵様です。

今では地域の方だけでなく、ドロフィーズキャンパスを訪れる多くの人が手を合わせ、願い事をしています。

神社などの神聖な場所、森の奥や山の上など、景色がきれいな場所に行くと、何だか心が浄化され、ピュアな気持ちになると思います。フィンランドにはそのような場所が多くあるのですが、ドロフィーズキャンパスを訪れるフィンランド人の多くが、そのような故郷フィンランドの空気感を、ドロフィーズキャンパスでも感じてくれているようです。

田んぼもありますし、地域住民が住む日本的な木造住宅も点在していますから、見た目のことを言っているのではありません。空に漂う雲がフィンランドの雲と同じに見えるなど、あくまで空気感の感想です。

そして、この空気感も含めたここにしかない価値観を感じ取り、共感してくださる来場者の方々が、私たちのことを好きになってくれているのではないか。そんなふうに考えています。

上　地域住民が大切なことは私たちも同じ
下　日常の仕事の合間にも感謝と念いを祈るスタッフ

文化・人との交流をもっと深めたい

都田でフィンランドとの交流を活発に

フィンランドの空気感が日本と似ていることは、私たちに限らず、他の多くの日本人も同じように感じているようです。実際、フィンランドを含めいくつかの国に赴任した経験がある大使に「今まで赴任した国でどこが一番好きでしたか？」と尋ねると、多くの大使が「フィンランド」と答えるそうです。

ドロフィーズキャンパスは、フィンランドの文化や食、アイテムを多く扱うようになり、「フィンランドヴィレッジ」とも名乗るようになりました。あわせてフィンランドに関するイベントを、開催する機会も増えてきました。

たとえば、日本語に翻訳されているフィンランドの絵本を集めた展示会。フィンランドのビンテージアイテムやセカンドハンド品を集めたフリーマーケットのような場。フィンランドのデザインの歴史を知ることのできるイベント。フィンランド人と結婚し現地で30年近く暮らしている日本人の方を招いた、フィンランドの福祉や教育事情についての講演などがそうです。

2017年には、1930年に創立され90年の歴史を持つ北欧屈指のオーケストラである「フィンランド・タンペレ・フィルハーモニー管弦楽団」を浜松に招待し、コンサートを開催しました。また、フィンランドを代表する現代音楽家であるラッセ・ヘイッキラさんには、作曲活動のために1カ月都田に滞在していただきました。

■浜松フィンランド協会設立

このように企業活動とは直接関係のないように思われる活動やイベントの開催が増

えてきたこともあり、2017年に「浜松フィンランド協会」を設立しました。以降、一見企業活動と直接関係のないフィンランド関連のイベントは、この浜松フィンランド協会の主導で行うようにしています。フィンランド人の若者を対象にした日本滞在交流支援プログラム「IPPO TO JAPAN」もそのひとつです。

ただし、都田建設の**企業活動とこの浜松フィンランド協会の活動は、まったくかけ離れたものではありません。互いに密接に関係し合い、経済活動と国際交流、及び社会貢献が強くつながり合っているという、私たちの提示する新たなビジネスモデルなのです。**

協会設立は、日本とフィンランドの友好関係を民間の力で強く築きつづけてこられた一般社団法人日本フィンランド協会理事長の早川治子さんが、都田にあるフィンランドヴィレッジの場の持つ意味に共感し、支えてくださったおかげです。

これからもフィンランドをはじめ北欧のライフスタイルの価値観を発する場や仕掛けをここドロフィーズキャンパスで行っていきたいと思っています。**共感する人が集まり、人と文化が交流する場になれば、私たちが大切にしている人生観や価値観が頭ではなく、心で感じ取っていただける場になっていくのです。**

上　2017年春、浜松フィンランド協会設立式が青空の下で
下　都田にはフィンランドからアーティストたちがたくさん集まる

静かに、美しく、そして躍動感ある場に大人の女性が魅了される

Chapter 4 生きがい・幸福感を育む場の要素

上　瑞々しいハートの池の水草
下　都田の日常にあるスローなライフスタイル

オフィスに必要なものは「熱量」

与えすぎない

「働き方改革」という言葉が間違った捉え方をされていると、私は最近の流れを見ていて感じることがあります。福利厚生の充実はもちろん必要でしょう。しかし、会社経営で一番大切なことは、「顧客満足度の徹底」、もっと言うと「お客様の感動」だと思うからです。

言い方を変えれば、**社会に価値あるモノやサービスを提供し、お客様がそのモノや**

サービスを購入したり体験することでワクワクしたり、幸せな時間を過ごす。その対価としてお金をいただける。このことこそが経営の根本であり本質だと考えるからです。

何が言いたいかというと、社員にとって過度に居心地がよいものや場所を整えることは、視線がお客様ではなく、社員に向かっているということです。

社員がぜいたくに満たされて、与えられすぎた環境を構築することは、ビジネスの本質ではない。私はそう考えています。

このような考えですから、東京のＩＴベンチャー企業などで最近よく見られる、「ここは本当に仕事をする場なのか？」と思える福利厚生に過度にお金をかけ過ぎているオフィスにはまったく興味がありません。

実際、１万坪のドロフィーズキャンパスとは対照的に、都田建設のオフィスはかなり狭いです。繰り返しになりますが、そこは過剰なお金をかける場所ではない、そんなお金があるのだったらお客様の感動をより高めるサービスに投資すべき、そう考えているからです。

ある程度の規模の会社になると、あるいはそれなりのポジションになると、１人用のスペースや、場合によっては個室が与えられると思います。このような環境も、都田建設では一切ありません。また逆に、そのようなパーソナルな場は、メンバー同士のコミュニケーションを奪ってしまうと考えています。

これまで度々紹介してきたように、私たちが大切にしているのは、**価値観や相手を思いやる心です。共通の価値観を汲み取ったり、さらに醸成させるためにも、オフィスは狭くていいと思っています**。

先に述べた「パーソナルスペース」が、人と人の「かけ算」を生むか、それとも「足し算」となってしまい、個々の相乗効果が弱くなり、チームとしての盛り上がりのような「熱さ」を失ってしまうかということなのです。

ドロフィーズキャンパスができていく前の2010年頃から、私たちのもとには会社経営者や地域再生事業に取り組まれている方など、多くの方々が視察に訪れるようになりました。そのなかのひとりにソニー元社長の安藤国威氏がいます。お見えになったときはすでにソニーの社長を退任されていました。

安藤氏が訪ねてきたのは、ちょうどソニーの業績の落ち込みが続いている時期でした。失礼を承知で言えば、何らかのヒントを私たちから得られるのではと思っての視察だったようです。

安藤氏が都田建設のオフィスを見た後、こう言いました。「今のソニーに欠けているのはこの雰囲気だ」と。

天下のソニーですから、オフィスは都内屈指の場所にあります。内装やインテリアに関しても、先ほど説明したように、ある程度のポジションの社員には広い個人スペースが与えられているはずです。聞けば、そのような環境で多くの社員が仕事をしているとのことでした。

でもソニーが急成長したときは、そうではなかったと安藤氏は言うのです。**顔を伸ばさなくても、隣のメンバーがどんな仕事をしているかがわかるような、メンバー同士の距離が近く、常に互いを意識しながらも、自らに没頭する。ある意味カオス的な環境で仕事をしていたと。**

再びかけ算の話になりますが、「**組織で必要なのはひとりの優秀なカリスマではない**」と私は考えています。個々の異なる長所や強い部分が重なり合っていくことで、足し算ではなくかけ算の結果が生まれる。まさに「三人寄れば文殊の知恵」の考えです。そして、かけ算の実現にも、狭いオフィスは効果的だと思うのです。

もうひとつ、**人は与えられるとそれが当たり前になってしまうからです**。子どもがいい例です。欲しがるおもちゃを次から次に買って与えることが、果たして正しい教育でしょうか。

会社も同じです。「わがままや不平を言えば、会社が与えてくれる」「環境が良ければ会社も好きになる」。このような他に依存する考えに次第になっていってしまうと危惧します。

実は都田建設でも、以前は社員に対して、いろんなことを与えた時期がありました。すると心配していたとおり、先のとおり、「与えられるのが当たり前」との感覚が社員の間で芽生えていきました。

何よりその場は盛り上がるのですが、だからといってふだんの企業活動にプラスになるわけではありませんでした。そのことがわかってからは、社員の一体感を高めようとする一発花火的なイベントやレクリエーションを行うことはやめました。

豪華な食堂をつくり、ランチを無料で提供するなどして会社に対する社員のロイヤリティを高めようという考えも、都田建設では一切ありません。

本物のやりがい、働きがいとは

すべてはお客様からの「ありがとう」

オフィスは狭い。メディアが取り上げたくなるような福利厚生もない。でも当社のメンバーは活き活きと、毎日楽しそうに働いています。なぜなのか？　それは、仕事の本当のやりがい、働きがいを見つけているからです。

お客様に感動していただくことが、ビジネスのすべてだと書きました。ですから私たちのメンバーは、とにかくこの部分にコミットしています。そして、**お客様に憧れ**

を与えていくこと、そして共感でつながることが結果として、自分自身の働きがい、やりがいにつながる。そう私は考えています。

たとえば、インテリアショップに陳列する商品を選ぶ際、まずはお客様に喜んでいただける商品であるかどうかを最初に考えます。ドロフィーズの価値観に共感してくださるお客様ですから、「環境や自然に優しい」などといったキーワードに準じた商品を選びます。

さらに深掘りして、その商品が作られた背景まで調べていきます。途上国から輸入している商品であれば、流通は適切でフェアトレードであるかどうか。もっと調べていくと、その商品をつくっているのは現地の貧しい女性で、購入することは現地女性の社会進出の後押しにつながることもわかります。

このような商品ならびに背景にあるストーリーは、私たち全メンバーが共有・大切にしている価値観でもあります。言い換えれば、私たちの思いが込められた商品でもあるのです。

そして商品の裏にあるストーリーを、商品のＰＯＰでも構いませんし、直接お客様と接する機会があれば伝えます。

これだけ念いの入った商品を、お客様が購入してくださる。さらには自分が感動したストーリーを伝えたことで「ありがとう」と感謝の気持ちを言われたりする。実際に経験してみるとわかることですが、もううれしくてたまりません。そして、また同じやり取りがしたいと感じるのです。

この感覚が、本当の意味での仕事のやりがいだと私たちは考えています。実際、都田建設のメンバーの頭のなかには、目の前の商品や受けたサービスを喜んでいるお客様の笑顔がいつも浮かんでいることが伝わってきます。

レストランなどの接客でもまったく同じです。お客様は何を求めているのかを第一に考え、それぞれのお客様が望むおもてなしや食を提供する。結果として「ゆったりと楽しく食べられた。ありがとう！」と感謝の気持ちをいただける。さらにはリピートしていただき「あなたとの時間が心地よかったから、また来ました」。このような言葉をかけられたら、もう仕事が楽しくて楽しくてたまらないと思うのです。

こうしたお客様からの「ありがとう」の言葉。さらには私たちの価値観に多くのお客様が共感してくださることが、本当の仕事のやりがいだと私たちは考えています。

つまり、ドロフィーズキャンパスは、私たちの価値観を具現化している場所であると同時に、その**価値観をお客様と共感するタッチポイントの場でもあるのです。**

自分の好きは自然に生まれる！

就職活動をしている学生や、自分のやりたいことを探し求めて転職を何度も繰り返している若い人たちと話していると、仕事に対する姿勢というか考え方において、大きな勘違いをしているのではないかと思うことがあります。自分がやりたいこと、好きなことを仕事にすると考えている人が多く見られるからです。

もちろん入り口は好きであったり興味がある。それでいいと思います。ただ実際に働き出したら、そこからはもう自分の好きは関係ありません。繰り返しになりますが、お客様がそのことやものが好きになってくれるか、またあなたを好きになってくれるかどうか。そのことが最も重要だからです。

このことは、自分自身がお客様の立場になって考えれば、簡単にわかることです。自分がお金を払ってでも買いたいもの、受けたいサービスは、自分自身がワクワクするものであり、従業員が自ら好きであるかどうかは関係ないからです。

もちろん**お客様の好きを追求しながら、自分の好きを見つけていくことが大事です。そうすれば仕事はもっと楽しくなるからです。夢、と言ってもいいかもしれません。**

実際、私たちのメンバーの多くは、それぞれ個々の夢を持っています。

500回以上のバーベキューから学んでいること

レクリエーション活動は行っていない。そう言いましたが、**互いが気を感じ行動に移す場づくりとして行っているのがバーベキューです。**２００８年からスタートし、毎週必ず決まった曜日の1時間、ランチタイムに行っていますから、これまで開催した回数はのべ５００回以上になります。

なぜ、バーベキューを続けているのか。

実はバーベキューを始めたころは、先に書いたとおり、社員同士のコミュニケーションや一体感が高まるのではないか、会社へのロイヤリティが高まるのではないか、そのような小手先の考えで始めたものでした。

ところがしばらく続けていると「今日もバーベキューをやるのか……」と社員のやる気が下がっていくのがわかりました。これも先ほど書きましたが、会社から与えられたものであったからだと思います。

ただ当時はそこまで深い考えを持っていなかったため、2つの鉄板を並べて味やスピードを競ってみるなど、飽きないような工夫をこらすことで、バーベキューを通したコミュニケーションをとろうと模索していました。

でもしばらくすると、前と同じように盛り下がってしまう。そうしたらまた新たな工夫を試してみる。そんなことを何度か繰り返していたら、あることに気づいたのです。

それは、**「お客様を招待してバーベキューをやっていると、モチベーションが下がらない」ということでした。これは大きな発見でした。それまでは自分たちが楽しんでいたバーベキューでしたが、お客様を招待していますから、お客様に楽しんでもらうことが一番になります。そう、先ほどの私たちの目指す空気感のなかでの顧客感動が第一の内容です。**

お客様の層やタイプはさまざまですから、対応は都度変える必要がありました。しかもバーベキューは仕事中の昼の休憩時間を利用して行いますから、時間はわずか1時間。その間で準備や調理もしながら、どうしたら初対面の招待客と一体感をつくれるのか。やればやるほど、お客様への気配りに対する個人のスキルは高まっていきました。

それだけではありません。誰がどのような動きをするのか。調理は誰が得意なのか。また、**自らが社風に対してよい「気」を与えているのか**。チームとしての成長にもつながっていきました。

結果として、実務でも使える、ノリのいい、躍動感のあるチームワークの強化につながったのです。

そして、ここからは先の話とつながりますが、私たちはお客様がバーベキューを楽しみながらドロフィーズから何かを感じ、学んでもらうことが第一であり、すべてです。であれば準備や調理をただ見ていて、できあがった料理を食べてもらうだけではなく、ゲストの方々にも準備や調理から一緒に参加してもらったほうがいいのではないかと考えました。

このような考えから、ゲストが元大使や大学教授、著名な経営者など社会的地位が高いとされる方であっても、準備の段階からスタッフたちと一緒に参加していただき、食べ終わったら床掃除まで行う。そこまで一緒に取り組んでもらっています。

実際、ほとんどのゲストが感動したと言ってくださいます。そして、その感想をいただくことが、社員の喜びにつながっています。

またゲストの方々からは「都田建設の社風を深く知ることができた」「それぞれメンバーの人となりが深く知れた」など、私たちが最も大事にしている価値観の共有、人との取り組み方を感じ取っていただけるようになっているのです。

当社のバーベキューを参考に、バーベキューをはじめる会社があると聞きます。そのほとんどが長続きしていないそうです。理由は明白、ただのレクリエーションだからです。目線がどこに向いているのか。どんな目的でバーベキューをやるのか。改めて考えていただければと思います。

バーベキューについては2010年に私が書いた本、『社員をバーベキューに行かせよう！』（東洋経済新報社）で詳しく紹介していますので、より深く知りたい方は参考にしてみてください。

場は本来の自分を発見・表現するステージ

持って生まれた天才や使命を見つける

お客様の感動を高めるために努力することが、ビジネスでは一番重要だと書きました。そして、このような行動を続けていくことで、あることが見えてくることも、私は長年ビジネスを続けていくなかでわかっていきました。

それは、**その人が生まれながらに持っている天賦《てんぷ》の才、つまり最も優れている部分が、垣間見えてくることです。**このことは長年個々のメンバーの強みを見つけようと、私が常日頃からメンバーの動きをじっくりと観察していくなかで、わかったことでもあります。

動きを見ていると、その人が持つ才能が見えてくる人がいる一方で、ずっと見ていてもなかなかわからない人がいました。

それで不思議に思い、さらに観察を続けました。すると強みを持っていない人（正確には強みが見えていない人）は、自分のために仕事をしていることがわかりました。顧客ファーストではない、ということです。先ほどの内容と紐づければ、「私はこの仕事が好きだからやっている」「デザインに興味があるだけ」。そんな人です。

一方で強みが見えている人は、その逆です。**お客様のことはもちろん、一緒に働く仲間のことなど、自分ではなく、他人のことを第一に考えて動いている人でした。またそのように他人のことを第一に考え動いている人は、活き活きと働いているようにも見えました。**

そして面白いのは、このような〝天才〟は、**自分ではなかなか気づきにくいことです。だから私たちは仲間の行動をお互いによく観察し、人より秀でている点、素晴らしいと思う才能を見つけたら、本人に伝えるようにしています。**

もうひとつ、業務を変えることで強みが見えてくることもあります。実際、都田建設ではジョブローテーションを頻繁に行っていて、デスクワークからレストランの厨房のコックに移ったメンバーもいます。コックをすることが、そのメンバーにとっての天才だと感じたからです。そして実際そのメンバーは活き活きとコックをしています。

また人のために何かをすることは、翻って己の人間性を高めることにつながると私は考えています。

ある女性リーダーを例に紹介します。その女性は「ようちゃん」こと村岡葉子です。彼女は同業他社で事務職をしていました。仕事は抜群にできましたが、やるのは自分の範疇の業務だけ。他人の業務や会社のことに関心を持っていませんでした。ただし与えられた任務は完璧にこなしていましたから、会社から特に何か言われるようなこともありませんでした。

そんな彼女が都田建設に転職してきました。最初は前の会社と同じく、他の人のことには無関心で、自分の仕事だけを淡々とこなしていました。しかし、都田建設のメンバーを見ると、自分とは違い、他人のために動いている人ばかり。すると自分でも気づかないうちに自然に、他のメンバーの仕事を手伝っていくように変わっていたことに驚いたと私に話してくれました。

そしてまわりのメンバーから見ると、そのフォローのレベルがとても高かった。つまり彼女の本当の才能は、今やっている目の前の事務職ではなく、他者をサポートすることだったのです。

聞けば、もともと彼女は他人の世話をしたり、誰かのために貢献することが好きな性分だったそうです。ところが大人になり、社会に出ると、まわりはそうではなかった。競争、出世レースなどもあったのでしょう。次第に彼女は自分の仕事だけに集中するようになり、まわりとの間に壁をつくるようになってしまいます。その結果、本来持っていた才能に自ら蓋をして、閉じ込めてしまっていたのです。

さらに彼女は自分の使命も見つけました。今、私が書いてきたことを大勢の人に伝えることです。人のために何かをすることが、巡り巡って自分のためになっていくこと。天才、使命を見つけることは素晴らしいことだと。そのようなことを、経営者が集まる場や職業訓練校で学ぶ生徒などに講演し伝えています。もっと言えば、「人は何のために生きているのか」についても。

ドロフィーズキャンパスは、メンバーがこのような天才や使命を見つけるための場、見つけてほしいための場でもあります。本来の自分を見つけるためにさまざまなトライを行うステージ、舞台とも言えると思います。

ステージであるからこそ、メンバーは自由に、自分が育み続ける価値観を表現していきます。

ときには失敗もするでしょう。お客様やまわりのメンバーから注意を受けることもあるかもしれません。でもお客様や他のメンバーに対する利他、貢献の心を核に持ちながらパフォーマンスを続けていれば、必ずや本来の自分、自分が生まれてきた意味や使命、これからの夢などが見えてくる。そう思っています。

真心で人と向き合うドロフィーズ・デザイナー

本気で生きることのできる場、生きている仲間

75名の価値観が一致

他人のことを思い行動していると、人間性が高まると書きました。そして都田建設のメンバーは、この人間性を高めたい。そう強く思っているメンバーが集まっていますし、意識して採用するようにしています。

人間性を高めたいとの気持ちは、重要な価値観ですし、私たち共通の価値観だと思っているからです。だから私は面接でその人の価値観を知るために、次のような質問を必ずします。

「自分の中で変わりたいと思うところは何ですか」
「これから先の人生で、死ぬまでひとつのことしか勉強できないと仮定したら何を選びますか」

デザイナー職であれば、デザインの勉強は当然したいでしょう。現場監督であれば、現場の施工について学びたいはずです。カフェやレストラン、その他ショップスタッフであれば、接客でしょう。学びたいことは職種によって異なりますが、いくつも浮かぶと思います。

一方、都田建設のメンバーに質問したら75名全員、私も含め答えは一致します。「まわりの人から愛される人に成長したい」「人間性を高められる学びをしたい」「社会から必要とされる人になりたい」「人とトラブルを起こしてしまう自分を変えたい」。

もうおわかりかと思いますが、スキルアップや技術的な成長を一番に答える人は誰ひとりとしていません。**ドロフィーズのデザインや家づくりは、お客様との価値観の**

共感の上にあるものだからです。決して、デザインや自然素材などのモノが先ではありません。ですから面接時にあまりにも「ドロフィーズのデザインを勉強したい」ということを押し出す人がいたら、少し厳しい言い方になりますが、それは「どこかの学校に行って、自分の身銭で勉強してください」と伝えています。

私たちが大切にしているのは、デザインの根幹にある共通の価値観です。そしてこの価値観は、全メンバーが一致しているものでもあります。**人のために行動を起こせる利他、人間性の向上です**。

このような価値観を持つメンバーですから、あるのは、どうしたらお客様に気持ちいい時間を提供できるか。そして、その上で今できる最高のものづくりをする意志があるか。まわりのメンバーの力になれるか。そして自分自身の人間性が高められるか。それだけです。

事例① まわりを活かす天才の「はい上がる」物語

一方で、私たちが全員、高い人間性をすでに持っているとは到底思っていません。

ただ、そうなりたいと強く思っていますし、同じ気持ちを持つメンバーが大勢集まっていることを誇りに思っています。そんな仲間のなかから特に思いが強いメンバーを何名か紹介します。

1人目は「ごっちゃん」こと後藤直城というメンバーです。彼はもともと別のハウスメーカーで営業マンをしていて、優秀な成績を残していました。

ところが目先の売上や数字にばかり目が行ってしまい、言い方はよくないですが、お客様に小手先のテクニックで営業し、時には騙すとも受け取られかねない仕事をしていたそうです。当然、そのような営業では次第に売上は下がっていきます。お客様からのクレームもあり、本人のなかではこれからどうしたらよいのか、再起の意味も込めて、当社に転職してきました。

「自分は変わりたい」「お客様のためになる仕事をしたい」。このような強い念いはあり、私が面接し、入社してくれました。なかなか前の営業スタイルが抜けきれず、お客様からお怒りの声が来たこともありました。でも彼は、「人として成長したい」「変わりたい」という共通の価値観を持っていましたし、何よりまわりのメンバーに対して、とてもきめ細やかな対応ができ、人の心に寄り添い、自分から声をかけ、まわりを支えることのできる人物だったからです。

私は、彼が変わる、成長するのをじっと待ちました。ただ彼は大きな体に対して、気持ちが優しく、ときにそれが気の弱さになる一面がありました。そのため結果が出ないことで、次第に自分を追い込むようになっていき、精神的に辛い状態となり、しばらくそのときの仕事が手につかなくなりました。

彼の本質、天才を知っていた私は、声をかけました。「これからは今の仕事ではなく、建てた家のアフターメンテナンス職をお願いしたい。そのほうがごっちゃんの特徴が活かせるから」と。先のジョブチェンジです。私自身の歩みのところでも書きましたが、自ら背負う責任が今の持ち場ではキャパを越えてしまうと、それが続けばいくら貢献したくても、思いと行動が一致しなくなります。

新しく就くことになったアフターメンテナンス職は、夢のマイホームを持たれたお客様宅を訪問する仕事ですから、笑顔で迎えてくださるお客様がほとんどです。

アフターメンテナンス職に異動した彼は、本当に緩やかですが、次第に元気を取り戻していきました。

「薬に頼りたくない。毎日会社に来ることが自分にとっての最大のリハビリだ」と言って、一日たりとも会社を休みませんでした。次第に以前のようになるまで気持ちも体力も回復。そして、まわりに対するきめ細やかな対応は変わらず、持って生まれた才能だと感心するばかりでした。一人ひとりの気持ちを察し、多くのチームメンバーをひとつの方向にまとめ、導きながらも、自らもプレーヤーとして果敢にチャレンジを続けています。

彼の優しさを気の弱さと捉えるのではなく、まわりを活かす天才として、懸命にチームメンバーを鼓舞したり、天才である細やかな対応でケアしたり。そしてそんな彼に支えられていることをまわりのメンバーもみんな知っていますから、チームには強い一体感が生まれています。

事例②　「だいちゃん、殴ってくれ」

2人目はチーフデザイナーの「よねちゃん」こと米倉秀人です。
ドロフィーズのデザイナーは今、多くの方から憧れを持たれるまでに成長しました。

そのデザイナーチームを育ててきたのは彼です。

彼を採用したころは、本書で書いてあることがまだできていない段階でした。つまり私も小手先で、彼のそれまでの実績を見て、当時の会社の業績のことを考え採用していました。しかし、会社はその後、本書で紹介しているように変わっていきました。でも彼が本来持っているダイヤモンドのような輝きが私にはなかなか見えないでいました。スキルは抜群でしたが、自分のことしかやらない。まわりのメンバーが他のメンバーのフォローをしているのに、言われなければ一切知らんぷり。そのような姿勢を頑なに貫いていました。

しかし、「彼は私たちと共通の価値観を持っている」と私は思い、信じ、彼を観察していました。

すると「変わりたい」「今の自分じゃダメだ」そんなことを考えているように見えてきました。それは彼が接客に優れていることからも、見て取れました。

私は彼の人としての輝きはこんなものではないと信じていました。だからあえて厳しく接したりもしました。彼に対する愛情の裏返しのつもりでした。しかし、何年経っても彼はなかなか本心で受け入れることができずにいました。

状況はある日突然変わりました。朝、いつもどおり早い時間に会社に行くと彼が待っていました。私を見つけるなりすごい形相《ぎょうそう》で向かってきて、**「だいちゃん、俺を思いっきり殴ってください」と言うのです**。最初、私は意味がわかりませんでした。

話を聞いていくと、私が考えていたとおり、彼はこのままの自分本位の生き方に限界を感じ、自らの可能性が小さく細くなっていることを変えたかったのだとわかりました。ただ、どこかでずる賢く人生を歩む術を知ってしまったばかりに、己から逃げていた。でもそんな自分をずっとカッコ悪いと思っていたとも。そのような気持ちを吐露してくれたのでした。

彼に変化を起こしてくれたのは、私ではなく彼の愛するご家族でした。

彼が言うには、家でも会社と同じく、子どもの態度がおかしくても見て見ぬふりで、躾《しつけ》は奥さんに任せっぱなし。ただ上辺で子どもから好かれている父親でいたい。そんなふうに考えていたし、実際に振る舞っていたそうです。

でも、というかやはり。そのような気持ちを子どもたちに見透かされていたのでしょう。ある日、家族の絆にかかわる大きな問題が起こりました。さすがの彼も、これはどうにかしなければと思い、生まれて初めて本気で子どもを叱ったそうです。**そし**

てその瞬間、自分が会社でも本気モードから逃げていたことに、改めて気づいたと。そして、これからは、変えたい、変わりたいと。

その後、彼は、前とはうって変わって別人のようになりました。もちろん本人は自らと戦い続けたと思います。そして、父親の愛しさを本物の愛として受け止める家族一人ひとりが活き活きと夢に向かってがんばっています。

もともとデザイン業務においても、接客においても、才能のある人物でしたから、**本気、愛という人間性が加わったことで、デザイン領域に留まらず、会社全体のことを見るリーダーとして圧倒的な存在になりました。**

そして彼も、先の2人と同じように使命を見つけます。

中学生や高校生が大勢集まる場で、本気で何かに挑むこと。愛する仲間や家族の存在。夢を持つこと。信じてくれる人を絶対に裏切らないこと。これらがいかに大事か、自分の人生を豊かにしてくれるのか。さらには**自分の人間性を高めることの大切さを多くの人に伝える講演を今では行っています。**

自らの体験から自らを覚醒させた人の熱い思いからの言葉は、中高生にも、そして大人に対しても心をふるわせる感動を与えているのです。

意識の高いメンバーがリーダーを務める

このように都田建設のメンバーは全員、本気で仕事に取り組んでいますし、本気で自分たちの人間性を高めようとしています。この「本気」というキーワードも、私たち共通の価値観です。「本気」の逆は、浮ついた気、「浮気」です。

ただ以前は、先ほども少し触れましたが、私自身が会社の業績といった小手先だけを考えメンバーを採用した時期もありました。そして、その際は確かに自らのやりたいことのみ、または「お金」という報酬のみを目当てにする社員も入社していました。それはすべて私に原因がありました。

しかし、目指すべき組織のあり方が変わるにつれ、そのような社員は自然に去っていきました。そして現在では**「本気」「人間性の向上」**といった共通の価値観を持つ人しかいませんし、採用していません。

ですから繰り返しになりますが、今いる75名のメンバー全員が何事に対しても本気で取り組みたいと考えています。このことは間違いありません。

ただ、仕事に対して本気で打ち込める時間は個々で異なっていていいと思っていますし、それが普通だとも考えています。

これは個々のライフスタイルや夢にも関係していきますが、たとえば人生の目的が家族と毎日楽しく暮らすことであれば、仕事は第一ではなく家族が第一になるからです。ただそのなかでも、本気になって取り組む仕事をしたい。たとえばドロフィーズで働くパートさんはまさにそのようなメンバーが多く集まっています。

ドロフィーズで働く子育て中のパートさんは、子育て、家族が当然最優先ですし、多くのエネルギーは家に充てたいと考えています。一方で、育児や家事から解放された少しの間だけでも、本気で取り組める、本気で仕事に向かっている仲間がいる職場で働きたいとも考えています。

ですからドロフィーズでは、週に一度だけしか勤務できないパートさんもいますが、彼女たちもれっきとしたドロフィーズのメンバーであり、本気のマインドを持っています。逆に、先ほど紹介した熱量が特に高いメンバーもいます。そうしたメンバーが幹部クラスにいます。熱量が強い人は、他人に対する配慮も高いレベルであることが多いからです。

仲間を高め合うドロフィーズの中心メンバー（左から、米倉、木野、村岡、後藤）

表現すべてが足し算ではなく、かけ算

ドロフィーズキャンパスは自分たちの価値観の体現

度々紹介していますが、私は「サービスは足し算ではなく、かけ算」というフレーズをよく使います。いくつかの素晴らしいピースがあったとしても、その中にひとつだけよくないものがあると、「素晴らしいいくつか　マイナス　その悪さ」の足し引き算ではなく、かけ算されてすべてがパー。つまりゼロ、あるいはマイナスになってしまうと考えているからです。

ドロフィーズキャンパス自体がいい例です。キャンパスにはさまざまな施設があり、カフェやレストランではサービスや料理を提供しています。インテリアショップでは家具やフード、雑貨小物などを扱っています。そして、これらすべてのものが、私たちが提供する家づくりの根幹の価値観を表しています。

お客様はこの価値観に共感していただくことで、結果として数多くある建設会社のなかから都田建設を選んでくださる。そう考えています。次のようなストーリーが日々起こっているのです。

自然素材を使って建てられたドロフィーズキャンパスのレストランで、地元産のオーガニックな食材をふんだんに使い、かつ丁寧に作られた料理をいただく。椅子はフィンランドの伝統的なブランドの一脚で、座り心地は抜群。サービスは画一的なものではなくフランクで、親密感がありながらも、店員と客との一線を超えるものではなく、礼節は弁えている。

ふと目を窓に向ければ、キャンドルの灯りがゆらゆらといくつも揺れていて、心が穏やかになっていくのがわかる。窓の外には、同じく心が落ち着くのどかな田園風景が広がっている。
食事を終えたからといって、早く退店してほしいとの雰囲気は一切ない。同時に、過度な接客サービスもしてこない。ゆったりスローな雰囲気のなか、テーブルの向こうに座っている大好きな人と、心地よい環境のなかで食事と会話を楽しむことができた。私も家庭を持ったら、こんな環境を実現できる家やものに囲まれて暮らしたい。

インテリアショップも同じです。お客様の家に置いていただきたい、体や健康に優しい、私たちの価値観と共有するものを揃えています。

このように私たちはひとつのピースではなく、ドロフィーズキャンパス全体、言い方を変えれば点ではなく面で、お客様に私たちの提供する価値観を感じ取ってもらいたい。そう考えています。そして実現するには、足し算ではなくかけ算の考えが重要だと考えています。

仮に、先のレストランのテーブルにむき出しのティッシュペーパーのボックスが置いってあったら。インテリアショップでジャンクフードが売られていたら。都田建設で家を建てようという念いがなくなってしまうと思うからです。まわりのすべての演出が、ひとつのマイナスピースでムダになってしまう。

このような考えですから、全メンバーが自分のまわりの仕事だけでなく、ドロフィーズというひとつのチームとして、同じ価値観のもとでお客様をもてなしています。言い方を変えれば、自分のところが仮にゼロのピースだとしたら、まわりのすべてがダメになってしまうことを自覚しながら仕事に取り組んでいます。

また先のような生の体験は、都田建設の魅力や特徴をホームページやチラシで事細かに紹介したり、営業マンが数時間かけてお客様に言葉やパンフレットなどで伝えているレベルとは比較にならない別次元の説得力を持っているとも思っています。

やはり価値観というのは実際に体験したり、その価値観を提供している人に合わなければ本質は伝わらないし、わからない。そう考えているからです。

正直なところ、施設そのものの売上ももちろん経営として大事です。そして、そのことを指摘してくださる方もいますが、私たちはまったく気にしていません。施設は私たちの価値観を共有・体験していただく場であり、上質なライフスタイルへの憧れを分かち合う場であるのです。

デザイナーも現場監督を

先の「自分の好きなことしかしない」「好きなことを仕事にしたい」にも関連しますが、私たちは家づくりにおいても、かけ算を意識しています。自分の担当業務だけをやっていればいい、というものではないからです。担当業務に関連する前後はもちろん、家づくりの全行程を知ってこそ、本当の意味でお客様から評価していただける家がつくれる。そう考えているからです。先ほどのレストランの話と、まったく同じ考えです。

ですから、たとえばデザイナーには、現場に出て現場仕事や監督業務も経験してもらっています。

また、このように別の業務を経験することは、その人にとっての成長にもつながるとの念いからでもあります。

私自身が設計も現場もやっていたからよくわかることでもあるのですが、**現場を知っていたほうが、間違いなく良いデザインが生まれます。言い方を変えれば、現場を**

知っているデザイナーと知らないデザイナーでは、圧倒的な差があるのです。

デザインだけではありません。現場仕事でもかけ算は当てはまります。先の前後の部分です。壁紙を貼るクロス屋さん、壁をつくる大工さん、壁に照明を取り付ける電気屋さん。この3名が自分のことだけを考え、他の職人さんの仕事ぶりを気にせず仕事を進めていったら。

クロスを貼る前に照明をつけてしまうかもしれません。あるいはクロスを貼りたいのに、なかなか大工さんが壁を造作してくれない。みなイライラするでしょうし、お互いの関係性も悪くなるでしょう。何よりとてもムダです。

都田建設では、職人さん同士がお互いに連絡を取り合い、仕事の進捗を情報交換しています。そのため一般的な建設会社のように、現場監督が職人さんというピースを足していくのではなく、職人さん同士が前後の職人とコミュニケーションすることで、かけ算の関係性を築いてもらっています。

では都田建設の現場監督は何をしているのか。

お客様とのコミュニケーションに多くの時間を充てています。いえ、私たちの家づくりに共感してくださる職人さんたちのおかげで、時間を充てられている。そう表現したほうが正しいと思います。

ただ、現在のような仕組みを最初職人さんに提案したときは、反発もありました。お気持ちはよくわかります。自分たちの仕事が増える。そう思うのが普通だからです。でも「とりあえずやってみましょう」と説得し始めてみると、逆に職人さんたちから「このほうがやりやすい」との声をいただきました。

そうして今では大工さんをリーダーとした、20業種ほどの職人さんたちが、各現場ごとにひとつのチームを組み、各現場を責任持って一体感と躍動感をつくってくれています。

フィンランドでお神輿を担いだ際、現地で協力してくれた7人が互いに尊重しながらも自らの能力を出し切って成功に導いていった、あのときの最高のチームと同じことが毎月起こっているのです。

そもそも大工さんは、一昔前であれば家づくりのすべての工程を手がける、スペシャルな人です。それが時代の流れとともに、クロス屋さん、床屋さんなど細分化していった歴史があります。このような流れもあり、今でも他の職人さんは大工さんのことを尊敬している風潮があります。

つまり現場監督が方向性や品質向上の指示を出し、それに従って大工さんが現場を仕切ったほうが職人さんもスムーズに動いてくれるのです。かけ算から生まれた都田建設の家づくりのチームワークは、そんな効果もあったのでした。

超一流の左官職人から学んだこと

都田建設ではこのように、かけ算、チームワークを意識した家づくりを行っています。そのためいくら腕が良かったとしても、まわりの職人さんとのコミュニケーションがとれない、ドロフィーズの価値観を理解してくれていない、あるいは理解しようと努力してくれない職人さんとは、次第に関係が切れていきました。

これまで何度もお伝えしていることですが、**結局どの分野でも大切なことは、まわりの人に対する気遣い、気配りができる人なのだと思います**。実際、そのような心を持っている職人さんは腕も超一流の場合が多いです。

一見すると技術力があるように見えても、他人に対する思いやりが薄かったり、何だか偉そうにしている職人さんは、蓋を開けてみると実は技術力が乏しかったり、建てた家は数年後にトラブルを起したりするケースが多いように感じます。

逆に、現時点ではそこまで技術力がないとしても、「自分はまだまだ半人前だけど、今できることをやりながら、一流の職人になりたい」、このような謙虚さと向上心を持っている職人さんは、いずれ一流の職人さんになると思います。

当社がメンバーを採用するときと同じく、まだ経験のない新しい技術にチャレンジしたい。貪欲にいろいろなことを学びたいなど、人として成長したい、そのような価値観を持つ職人さんと、これからも一緒に家づくりをしていきたいと考えています。

今でこそこのような考えに至りましたが、20代・30代のころは失敗も多くしました。職人さんは腕がすべて。そう考えていた時期があったからです。今思えば、とても恥ずかしいことですが。

そんな私の考えを諭《さと》してくれたのが、当時70歳台半ばの左官職人の高橋寛さんでした。そして私と彼の最初の出会いも、私の失敗から始まりました。

彼から上がってきた見積もり金額が高いと感じた私は、軽い気持ちで「もう少し安くできませんか」と、内容も深く理解せず、ましてや職人のものづくりへの強いこだわりも理解せず、提案をしたのです。そうしたら彼は激怒して「左官の仕事を何だと思っているんだ、ナメるな」と、私の目の前で土を混ぜ、壁に塗って見せたのです。そうして「土を練る際は、その日の温度や湿気を気にして、あらゆることに気を配り、塗る際にはコテの選び方から力の加減など、自然とひとつになって対話しながらつくる仕事なんだ」と続けました。

彼が私に怒ったのは、私が生意気な口を叩いたからだけではありません。適当な仕事をしたらきちんとした家がつくれない。結果として、施主の方に失礼にあたる。そう考えてのことだったからです。

その後、彼は私のことを気にかけてくださるようになり、お客様もたくさん紹介してくれました。カメラが趣味で、撮った風景写真などをいただいたり、絶景を一緒に見に行く関係になりました。

先に書いたように、彼の仕事ぶりは、とにかく施主さんが喜ばれる家づくりを徹底していました。たとえば金物屋さんなど、自分と絡む職人さんとのコミュニケーションは密にとっていました。

一方で、自分とはそれほど絡まない職人さんであっても、**現場でいい加減な仕事をしている職人を見つけると、本気で叱る**一面もありました。以前の私が叱られたようにです。

今私たちが行っているかけ算の家づくりを、意識することなく、自然体でやっていたのです。

技術は文句なしに超一流なのですが、偉ぶる素振りは一切ありませんでした。現場に行ったら、お施主さん、ご近所さん、まわりの全職人にまずはあいさつをしてまわる。それも、しっかりと丁寧にです。

「仕事をさせていただいている」という気持ちがいつも全面に出ていました。ですから一つひとつの作業がとにかく丁寧でした。でも決して遅くない。むしろその逆で、他の職人より仕事のスピードも抜群に速い方でした。

そんな方でしたから、まわりの職人からもとても慕われていましたし、一目置かれてもいました。それでも本人は一切偉ぶりませんでした。

残念なことに今は亡くなられていますが、毎年職人さん約200名を集めて行っている「チーム・ダ・ヴィンチ」という協力会大会の当日、私は彼の墓前に座り、手を合わしています。高橋さんへの感謝と哀愁の意を込めると同時に、**彼の言葉「職人を選ぶとき、必ずその人間性をよく観なさい」を改めて心に刻むときとしています。**

上　職人たちとものづくりへの心の持ち方を学び合う
下　責任と覚悟のある職人集団「チーム・ダ・ヴィンチ」

価値観・人生観を共にすることの大切さ

「DLoFre's Way」というクレド

価値観や人生観、夢やビジョンの共有を徹底するために、私たちは「DLoFre's Way」という、クレドをつくり、全メンバーが持っています。

「DLoFre's Way」には、ビジョン、ミッション、バリュー、スタッフポリシー、スタッフへの約束、ブランドイメージの意味など、私たちがふだん大切にし、共有している価値観を文字やイラストに置き換え、記載しています。

内容が概念的であったり、理想的な内容が書いてあるため、毎朝の朝礼で「スタッフポリシー」をどのように日々の現場で実践しているのか、日頃の業務と照らし合わせながら、メンバーに紹介する場を必ず設けています。

「DLoFre's Way」を作成したのは、いくつかの理由があります。まず価値観や夢は、根本の部分では変わりませんが、時間が経つにつれ変化したり増えていくものだからです。

また私や会長を含め、今、価値観を共有しているメンバーは、何十年もしたらいなくなります。もしかしたら明日、死ぬことだってあります。そうなったときでもドロフィーズの価値観や夢は次の世代に引き継いでいく必要がある。いや、お客様のために未来永劫《みらいえいごう》残していくべきだ。そう考えたからです。

書かれていることすべてを、全メンバーが実践できているかというと、私も含め「イエス」とは断言できません。

書かれていることの実現を日々目指し、そこに向き合い徹底しようとする。そうなりたい。そのような念いを常に持ち続けることが大切であり、思い続けることで人と

して成長したい。そのような念いが、正直なところなのです。

もうひとつ、業務で悩んだとき、あるいは何かトラブルが発生したとき、メンバーの意見が対立した際などに「DLoFre's Way」を参考にすることがあります。中でも軸となるのが「8つのWIN」です。

【DLoFre's Way／8つのWIN】

①自分
②家族
③お客様
④仲間（社員）
⑤パートナー企業
⑥会社
⑦地域住民
⑧地球環境

たとえば発注業務において、お客様にきちんと見積もりを確認いただく前に職人さんに発注してしまったら。自分にとっては時間の短縮につながるというメリットがあるかもしれません。会社にとっても利益を生むかもしれません。しかし、お客様がその見積もりを承諾しなかったら。お客様はもちろん職人さんにとっても不利益になります。

あるいは本来19時45分で消灯し退社しなければならないルールなのに、お客様との契約書の作成を21時までやってしまった。結果として翌日に契約が取れた。会社、自分、お客様にとっては良いでしょう。しかし、ドロフィーズキャンパス近くで暮らす住民の方々のなかには、21時前に就寝したい高齢者も住んでいます。その方の幸せを考えたら、21時まで契約書を作成したことは正しくありません。もっと言えば、夜仕事をすることで余計な電気代がかかっていたかもしれません。地球環境にもよくないことになります。

このように日常業務のあらゆる場面において、自分の行いは本当に誰かにしわ寄せを押しつけていないか。ドロフィーズの価値観に合っているのかどうか。迷ったとき、トラブルになったときは、この8つのWINと照らし合わせることで、確認するようにしています。

メンバー同士の意見の対立でも、「8つのWIN」があれば、誰が善なのか、なぜ自分の意見は間違っていたのか、課題はどこにあるのか、が明確にわかります。

インテリアショップに置く商品ひとつをとっても、メンバーのひとりはお客様が喜んでくれるからとの理由だけで選ぶのではなく、パートナー企業が不利益となる商材は扱わないように配慮するとか。陳列にしても、お客様が見やすい陳列ではあるけれど、現場メンバーが陳列に苦労するようでは改善する必要があるなど。

お客様との接客においても「8つのWIN」は活用できます。

みな良かれと思ってやっていることは当然なのですが、視点をもっと広げることが、この「8つのWIN」を使えばできるのです。そして、その結果のおもてなしこそが、ドロフィーズの価値観でもあるのです。


あなたが今行っている業務や接客は、自分よがりではありませんか？ お客様の方は向いているかもしれませんが、一緒に働く仲間、パートナー企業、その他を苦しめていませんか？ 改めて考えていただきたいと思います。

出社したら全員にあいさつ

「かなちゃん、おはようございます！」
「はるちゃん、おはようございます！」

都田建設の朝の風景です。

私たちは朝出社すると自分の机に座る前に、すでに出社しているメンバー全員にあいさつしてまわります。つまり**全メンバーが朝、一対一で声かけと顔合わせ、互いのニックネームを呼びながら表情や声から「気」を感じ合わせているのです。**

大きなプロジェクトを抱えていたり、仕事が思ったようにはかどっていなかったり。あるいはプライベートで嫌なことがあった。体調が悪い。単に気分が乗らないなど。人というのはどこか調子が悪いときは表情が曇っていたり、声のトーンがどんよりしているものです。その変化を、他のメンバーが気づいてあげるためのカルチャーです。

著名な経営者が書かれた本などを読んでいると、部下を成長させるため、トップや上司がすることは、「期待をすること」「役割を与えること」「見守ること」、このようなことが大概書かれています。以前の私はこの言葉を信じ、実践していたことがありました。

確かに期待を糧《かて》としてグングン成長するメンバーもいました。見守っているだけで、バリバリ動くメンバーもいました。しかし、その一方で、期待がプレッシャーとなってしまい、潰れてしまうメンバーがいました。

中には「会社もだいちゃんのことも大好きだけど、僕にはこのまま仕事を続けていく自信がありません。申し訳ないけど、辞めさせていただきます」。そんな置き手紙を残して、会社を去っていくメンバーも過去にいました。経営者として自らの力と愛のなさを強く実感したときです。

そこで私は考えました。どうすればやりがいを持って仕事に臨んでもらいながらも、プレッシャーを感じ過ぎないようにできるか。長い間考え、先のように失敗もたくさんしました。

そうしてわかったことは、**与えられた役割をプレッシャーと感じる量はメンバー一**

人ひとりによって異なる、ということです。性格や年齢、キャラクターが違うからです。

属性によってだけではありません。プライベートで悲しいことがあった。理由はよくわからないけど、今週はなぜかテンションが下がっているなど。その時々の状態によっても、変わります。だから朝のあいさつなのです。

「ちょっと重い責任にトライしているけど、プレッシャーに感じていないか」。逆に「荷が軽すぎて、やりがいを失っていないか」。

社員の微妙な心のさじ加減を、朝のあいさつでの全メンバーの表情と声から汲み取り、その後の対応にフィードバックしています。

目を合わせてこない。目に輝きがない。声のトーンが小さい。このようなメンバーは要注意です。

ただし、危険信号を発しているメンバーへのフォローにおいても、さじ加減が重要です。具体的には、「どうしたの？　何かあった？」と私からすぐに声をかけるようなこともありますが、あえてそうしないことも多々あります。

都田建設はたかだか75名の小さな組織ですが、それでも新入社員にとっては社長である私が直接を声をかけると、「何かしてしまったのでは」と身構えたり、さらなるプレッシャーに感じてしまう場合があるからです。

では、どうやって対処しているのか。おかしいなと感じたから、信頼のおけるリーダーに伝えるようにしています。そしてリーダーたちも私と同じように、チームメンバーの様子に日々気を配っています。

もちろん逆のタイプもいます。「社長から声をかけられてうれしい」。そんなタイプには、すぐに声をかけるようにしています。

メンバーの様子をより深く知るために、リーダーとは週に一度集まり、しっかりと時間をとって全メンバーの様子を共有しています。私と全メンバーとの直接面談も、年3回行うようにしています。

面談の際に意識しているのは、ふだんからあまり積極的でないメンバーです。これまで紹介してきたように、私たちは共通の価値観でそれぞれが動いていますから、個々の動き自体はかなり自由度があります。何か新しいことをメンバーがやりたいと言ってきたときも、**価値観の共有がすでにありますから、会社の理念と大きくズレていることはほとんどありません。**

ですから大抵の場合はメンバーから相談を受けても「いいね！　ぜひやろう」と返します。にもかかわらず自ら発言したり、動こうとしないメンバーは、やはりどこかで何か問題を抱えていることが多いからです。その何かを面談を通じて引き出したり、あるいは解決していくためです。

責任ある仕事を任せ、メンバーのやりがいや責任の幅を大きくすることは、組織全体の成長という観点からも、必要です。ただその期待がその人の器を超えてしまうとプレッシャーにしかならないこと、場合によっては潰れてしまうことを、マネジメントの立場にいる方は、常に考えなくてはならないのです。

未来像から今をつくる家づくり

haveではなくbeな家

私たちはお客様との家づくりがスタートすると、外観や内装、そして間取りといった設計・デザイン的な話ではなく、その家で暮らすことで、家族がどんな生活をこれから先にこの家で行っていきたいのか。その家で実現したい家族の「夢」や「未来」を、まずはじっくり聞くところから家づくりをスタートします。

具体的には、奥様、旦那様、お子様など、その家で暮らす家族全員に紙とペンをお渡しし、15年先、20年先、30年先にこれからつくる家で営まれる家族の様子、実現したい未来を文字や絵にしてもらいます。

そこからは担当デザイナーが家族の実現したい未来の共通キーワードを探っていきます。共通のキーワードが見つからない場合は、出るまで家族で話し合ってもらいます。

紙に書きだすのではなく、私たちに直接夢や未来を語っていただくのです。

「夢のマイホーム」という言葉がある一方で、家は3回建ててみないと満足のいったものにならないとも言われます。これは、家という「モノ」が夢になっているからだと、私たちは考えています。つまり形を夢にしてしまっているのです。「リビングは○○帖にしたい」「システムキッチンは必須」「子供部屋は6帖を2つ欲しい」など。このような要望は、形が夢になっているから出る言葉でもあります。

一方、**私たちは家はあくまで家族の夢や未来を実現していく「器」や「装置」だと捉えています。少しわかりづらい表現かもしれませんが「Haveではなくbe」といった感覚です。そして先の夢を語り合う場も、すでに家づくりのbeの過程でもあるとも考えています。**

このようなお客様の夢づくりの場に同席できること、お客様ご家族の夢を共有できること。人との心のつながりこそ、私たち都田建設の価値観そのものでもあるのです。**中には「他人に初めて自分の夢を話した」といって、感慨深い表情を浮かべ、涙を流されるお客様もいらっしゃいます。**

さらに価値観を共有したお客様が家を建てられた後もドロフィーズキャンパスを訪れてくださり、夢をどのように実現しているのか。新たな夢は加わったのか。そんな話を私たちにしてくださる瞬間が、私たちにとっては最高の喜びの瞬間でもあります。

家族が共感・共有しやすい場を設ける

お客様の夢や未来を聞いていると、「家族同士」「支え合い」「絆」「心の成長」「自分たちらしさ」といったキーワードが浮かび上がってくることが多いです。そうしたご家族に私たちがよくご提案しているのが、「第3のスペース」です。

「ファミリークローゼット」がいい例です。たとえば、家族全員分の洋服が収納できる6帖ぐらいの部屋を、バスルームの近くに設計します。もちろんクローゼットのなかでは、お父さんの棚、お母さんの棚、お兄ちゃんの棚といった具合に、それぞれのスペースは設けます。

着替えは毎日することです。そのため家族同士がファミリークローゼットで会う機会が増え、新たなコミュニケーションが生まれる効果があります。お母さんが洗濯物を各部屋に持っていく手間が省けるといったメリットも当然あります。

リビングで家族との交流や絆を深めることももちろん重要ですが、個々のものが置いてあることがポイントだと私たちは考えています。

別の例では、家族共通の本棚をよくつくります。お父さんは自分の好きな作家の本や仕事で役立つ本を。お母さんは料理で使える本やヨガやガーデニングといった趣味関連の本を。子どもたちは雑誌やマンガ本など。

家族がどんなことに興味を持っているのか。リビングで一緒にいるだけではわかりえないことを、知る場になりえるからです。

建築デザイナーや現場管理の仕事をする人のなかには、父親が建築士の場合が多いのですが、聞くと、幼いころから家に建築に関する専門書があり、読んでいたら建築の仕事に興味が湧き、自然と父親と同じ道に進むことになった。こんな話を実際に当社のメンバーからも聞きます。

各個人の部屋やリビングでもない、家のなかにこのようなサードプレイスをいくつか設けることは、家族同士の絆やコミュニケーションを大切にしているご家族にとっては、先ほどの装置に置き換えれば重要な仕掛けだと考えています。

表現における「8割2割」の法則

設計が決まり、詳細なデザインを落とし込んで行く際に意識していることがあります。それは「美しい」ことです。「整っている」とも言えると思います。縦横のラインがピシッと整っている。そんなデザインです。

「美」に関してはデザインに限りません。業務のあらゆる場面で意識しています。たとえばディスプレイ。適当に商品を置くのではなく、遠くから見てもまっすぐラインが揃っているような置き方を意識しています。ロゴなどがあれば、お客様が見る側にまっすぐ向ける。当たり前のことのようですが、都田建設では特にこの整いについて高い意識を持って全メンバーが取り組んでいます。

「美」や「整い」の意識は、工事現場でも同じです。現場監督、職人さんの服装、身だしなみなど。現場は資材や工具が散らばっておらず、きちんと整頓されているか。まわりを囲っている養生を留めている紐の結び方まで事細かく意識しています。

きちんと整えることが基本でありながらも、そこから一歩進んだ、遊び心も持ち合わせています。**「8割2割」**の法則です。

たとえば、障子戸をデザインする際。縦横の桟《さん》と呼ばれる木の骨組みはピシッと升目状であることによって、整った基本の美しいデザインが凛《りん》とした心地よい緊張感を生みます。この基本があることで、場が整います。

ただ、それだけだと心に余裕が生まれないので、外部に木の陰を映し出す工夫をすると、空間に躍動感が加わります。流線的な木の陰により、升目状の格子の整いがより際立って見えるようになるからです。また整ったなかに崩したデザインを落とし込むことで、木の陰もより際立ち、相乗効果を生み出します。

この「8割2割」の法則は、デザインだけでなくあらゆる場面で活用できます。たとえば先ほど紹介したディスプレイです。基本はきちっと整列して並べることですが、そのなかのひとつの商品を、あえて斜めに置いたりします。するとほどの木の陰のデザインと同じく、どちらの陳列も印象的になり、お客様の目に止まりやすくなる効果を生みます。

「スローでありながらクリエイティブ」という私たちの価値観も、まさにこの8割2割の法則です。基本8割はスローなのですが、2割はエネルギッシュにクリエイティブに活動する。そんな念いが込められています。

社員自らの服装にも、実はこの8割2割を意識して、自分自身の美をデザインすることで、場全体が自由にありながらも共通の世界観として統一されていくのです。

8割2割の法則は、私が世界中を旅するなかで見つけたものです。また基本が8割、遊び心が2割ではなく、逆でも使えます。

ロンドンのショーディッチの街なみで見られる空気感は、まさに逆の法則でした。街中の壁にはアーティストがペンキやスプレーで描いたイラストがあちらこちらにあり、一見すると整っているようには見えません。ただ、そのなかに先ほどとは逆、凛としたシャープさを感じる素材やデザインを2割ほど設けることで、ペイントアートがより印象深いものに映るからです。

数を経験することで自分のなかにゆるぎない美やデザインの法則を持つことができる。これは、あらゆることに言えるのではないでしょうか。

「第三のスペース」を持つ

一人旅を続ける理由

第1章の歩みでも触れたように、和歌山の実家にいるころから私は家のなかでの部屋の引っ越しが好きでした。

引っ越し好きはひとり暮らしをするようになってからも変わらず、大学にいたときは、4年の間に5回しました。

幼いころは部屋の模様替えをしたくて引っ越しをしていたのですが、オーストラリアから戻ってきて静岡で暮らした後、千葉に移り住んでからは、お洒落かどうかではなく、オーストラリアで学んだ「バランス」を意識し、窓から自然が見える場所であるとか、海まで近いといった、ライフスタイルを大切に選ぶようになっていました。
またオーストラリアから戻ってきてからは、より海外を意識するようになりました。時間を見つけては海外に出向くようになり、そのほとんどがバックパッカーなひとり旅でした。

なぜ、私は引っ越しや旅が好きなのか。

場所が変わると、あらゆるものが変わります。風景、人、空気感、ファッション、食など、それまでの自分が知らなかった、今までの自分が持っていた価値観と違うものや文化に触れることが好きなのだと思います。そして、今でもその気持ちは持ち続けています。そして、今は仕事として年に8回ほど、1回の出張が10~12日ほどですから、1年の4分の1から3分の1は海外ですごす時間となっています。
今は海外に行くのは仕事でということがほとんどです。ロサンゼルスに新しくオープンした話題のレストランを訪れ、ドロフィーズのレストランのメニューに活かしたい。フィンランドに行く際は、インテリアショップなどに置いてある商品の仕入れなどを兼ねる場合が多いです。**仕事の合間には、とにかく現地を歩き、その街の「においを感じる」のです**。

日本にはない、その土地ならではの文化や人にひとりきりで触れていると、日本で仕事をしているときの思考や脳のスイッチの入り方が確実に変わりつづけるように思います。

その結果、日本でなかなか見つからなかった課題解決のアイデアが、海外の街を歩いていると突然浮かんできたり。決断を躊躇《ちゆうちょ》していたテーマの糸口が明確になったり。新しい未来のマップが描けたり。

だから問題にぶつかると、手帳に書いておくようにしています。そうして海外に出張で行ったときに、その手帳を広げるのです。すると日本で考えていたときはなかなか解決策が見つからなかったのに、答えがあっさりと頭のなかに浮かぶことがよくあります。

海外の街での滞在中は、改めてこれまで自分がしてきたこと、今行っていること、会社、仲間、ドロフィーズキャンパス、自分自身、これらのことを振り返る時間を必ず設け、考えつづけます。時には4~5時間があっという間にすぎていきます。

日本にいるときには感じなかった、見えていなかったものが、見えたり浮かんでくることが往々にしてあるからです。**未来の夢と今をつなげる黄金の糸を見つけているような感覚です。**そして、その根底には、都田のドロフィーズキャンパスを通じ、アウトプットの場があることがインスピレーションがどんどん降りてくる要因となっているのです。

自宅のリビングには、小学生のときに親に買ってもらった地球儀が今でも置いてあります。日本にいるときでも、私はこの地球儀をぐるぐる回したり、次に行きたい都市をじっと眺めたり、さらにはその都市に行った気になったりするなどして、仕事の旅も人生の旅そのものだと思って続けたいのです。

同時に、幼いころに感じていた世界や宇宙のことを考えると生まれるワクワクを改めて感じていたりもします。

サードプレイスを活用する

家づくりの箇所でも触れましたが、「第三のスペース」の重要性は、仕事や生活においても同じです。仕事場でも家でもない、サードプレイスです。

たとえば、私はアイデアがなかなか出ないとき、サウナに入りながら考えることがよくあります。入ってからしばらくして、だんだん体が熱くなってきて、もう考えるどころの状態ではない。そんなときに、パッとアイデアが出ることが少なくありません。

これはあくまで想像ですが、余計なことを考えないことが、逆に良いのではないでしょうか。

気に入ったカフェにもよく行きます。自分の感性に合うカフェは、ゆっくりと考えることができるのはもちろんですが、店員さんの接客が、私たちが目指しているものと同じ価値観だからです。

笑顔で声かけをしてくださりながらも、程よい距離感で、ベタベタした接客はない。

パーソナルスペースにも程よく入ってきます。
身近にも、インスピレーションをもらえる場にいると、その人たちから改めて私たちの接客やコミュニケーションを見つめ直すきっかけにもなっています。

サードプレイスの活用は、私だけではなく、会社のメンバーも同じくうまく利用しています。家のプランニングをオフィスではなく、カフェで行ったり、ホテルのリビングで次のプロジェクトのアイデアを練ったり、ドロフィーズキャンパスの自然のなかの大きな樹の下で発想を湧かせている人もいます。

場所ではありませんが、私は毎朝瞑想《めいそう》をしています。目をつぶり、呼吸を整え、自分がこれまで訪れた大好きな場所や好きな景色、好きな言葉などを想像すると、まるでその場所に行ったような感覚になる瞬間があります。同時に、気持ちが整います。さらに自分が今こうして元気で働けているのは、まわりの人たちのおかげという感謝の念も湧いてきます。

ドロフィーズ、フィンランドに通じる「ピースフルな場」

フィンランドは国土の70%が森で覆われているだけでなく、湖も10%とかなりの割合を占め、湖の数においては世界一、約19万湖もあると言われています。つまり自然がとても多い。その自然のなかにいるだけで、心地よい感覚というかインスピレーションを、自然から享受することできます。

フィンランドの自然のなかで感じるインスピレーションは、私の故郷、和歌山県の紀の川や周辺の森に立ち並ぶ樫の木や竹林のなかにいたときに感じる空気感とも重なります。

そしてフィンランドと私の故郷に共通してある空気感は、ここ都田のドロフィーズキャンパスにも流れています。

他の箇所でも触れていますが、ドロフィーズキャンパスを訪れる多くの人々、特に先のようなインスピレーションを知っているフィンランド人の多くが、「ドロフィーズにはフィンランドと同じ空気が流れているように感じる」と話されます。

フィンランド人に、その空気感は何なのかと聞くと、よく言われるのが「ピースフルな場」という答えです。ただこのピースフルな場とは具体的にどのような場なのか、言葉で表すことがなかなか難しいです。単にきれいな景色があるとか、空気がおいしいといったことではないからです。

集う人の優しさだったり、人がつくったものであっても、ピースフルな気持ちを持つ人がつくったことで、何かしら人に伝わる空気感を発しているようだからです。

ですから**「何もないようだけど、何かがある」と、表現してくださる方もいます。**

最近はピースフルな場を好む、海外からの来客も増えました。

フィンランドの伝統楽器・カンテレの国を代表する演奏者であるエヴァ・アルクラさんもそのひとりです。都田に行きたい、娘さんを連れていきたいとの理由で、わざわざ日本ツアーの日程を決めてくれたほどです。

エヴァさんはドロフィーズキャンパスで演奏された際、「ここで楽器を弾いていると新たな創作のインスピレーションが湧く」。そんなうれしい言葉も残してくれました。

ブームにしない法則

テレビの取材を受けない理由

ドロフィーズキャンパスに多くのお客様が訪れるようになってからというもの、テレビや雑誌、観光会社などからの問い合わせをいただくようになりました。それだけではありません。「もっと集客を増やす方法がある」といった、コンサルティング会社からの連絡も増えました。

私たちはこのようなテレビ取材や売り込みは、一切お断りしています。特にブームや流行をつくるマスメディアで紹介されてしまうと、私たちが一番大切にしている価値観に共感しない人まで来てしまう可能性が高いからです。それは本意ではありません。

私たちの家づくりを具現化した場を体感していただき、共感してもらえる方と一緒に夢を実現する家づくりをしたいからです。

ブームはすぐに去ります。また、地域のそもそもある資産を一時だけの流行にするようなことは、住民にも大変失礼なことと考えているからです。

メンバーは自らが表現者、発信者として、SNSを通じて活動を伝えています。写真やちょっとした言葉を通して、私たちの思いや人生観、ライフスタイルを届けることができるツールだからです。ここでもポイントは価値観です。

写真の空気感や言葉、文章のトーンにはとても気を使っています。ドロフィーズに共感してくださる人にだけ届くような内容にする必要があるからと自覚しているからです。

このような配慮が奏功し、実際にキャンパスを歩いている人を見ると、まさに私たちと価値観を共有する人が大半です。稀に価値観の異なる人が来ることもありますが、

2回目の訪問はありません。

また来場者がむやみに増えることは、私たちの価値観のひとつである、スローではなくなってしまいます。「DLoFre's Way」8つのWinの中にある「地域住民」「地球環境」にも優しくありません。一時のブームの場所ではなく、長くゆったりといつ来ても変わらない場所。そんな場であり続けたいと思っています。

共感した人が集まるドロフィーズマーケット

月に一度、第3日曜日に開催している「ドロフィーズマーケット」の出店者は、まさに私たちがつながりつづけてもらいたい方々の代表です。地元でオーガニック野菜を栽培している農家、ドロフィーズやフィンランドのスローな価値に共感するフォトグラファー、アーティスト、クリエイターなど。

都田建設で家を建ててくださったご家族の出店が約3割、他の人々は手仕事を大切にされている地元住民です。先ほど紹介したとおり、夢の実現です。クリエイティブな活動を通して多くの人とつながりたい。そんな夢を持つ方に、ハンドメイドのクラフト商品の販売やワークショップなどを開催してもらっています。

共通しているのは、前は夢として掲げていたライフスタイルを実践している。あるいは今まさにかなえるために行動していることです。そのような方に、ドロフィーズマーケットという場を提供しています。

実際、夢、チャレンジ、自己実現など。まさに都田ドロフィーズの人生観、価値観と同じ志を持つ方々が、毎回30ブースほど出店してくださっています。

ドロフィーズマーケットを始めてみてわかったことがあります。**価値観の近い人たちが集まると、新たな可能性や夢が生まれることです。出店者さん同士が意気投合し、新しいアイデア、発想が生まれる会話で盛り上がっていることが多いのです。**

ここでも足し算ではなくかけ算なのです。

輝いている個が集まると、1＋1が2ではなく。3にも4にも、あるいは無限にもなる。私たちはそのような価値観を共有する人が輝ける場を、これからも提供していきたいと考えています。

都田駅は、出逢いと再会の場として、そして世界とつながっている……

Chapter 5 譲れば叶う

上　念いによって再建した豊都稲荷
下　DLoFre'sはいつでもあなたを待っている……再会を誓い合う

やり続ける信念の先に生まれる

最初の数年間は大赤字だった

ドロフィーズキャンパスは何のためにあるのか。どのように成長してきたのか。これまで紹介してきましたが、ここまで道のりは、簡単なものではありませんでした。

まずは最初、出発点です。

社員の夢を実現したい。そう意気込んでドロフィーズキャンパスをつくろうと絵づくりをし、できあがった完成予想図のイラストを大きく引き伸ばし、会社のメンバーみんなが集まるオフィスに貼っておきました。「いつか夢を実現しよう！」と。そこまではよかったのですが、そこから7年以上、ほとんど何も進まなかったからです。まず施設を建てようにも、土地がありませんでした。建物を建てることを法的に抑制するエリアでもあり、今でこそ都田で昔から暮らす地域住民から土地を快くお貸しいただいていますが、当時は都田の住民の方々と深い関係性を築けていませんでした。ですからしばらくの間、夢のマップはただ貼ってあるだけでした。本当に夢のままで終わるのではないか。そう思ったときもありました。

あるときは、土地を自由に借りることのできる別の場所に建設しよう。そんな風に考えたこともありました。

そして何より、社員に対して夢の実現が一番大事だと言っておきながら、目の前の夢を実行できていない自分に対して、腹立たしさやもどかしさを感じていました。

その後、何とかこうにか2009年に最初の施設「ドロフィーズインテリア」をオープンすることになるのですが、オープン後もさらなる苦難が待ち受けていました。

今考えれば当たり前のことなのですが、当初はお客様がまったく来なかったからです。

当時の都田は、「猫も歩かない田舎」と揶揄されているような場所でした。そんな辺鄙《へんぴ》なところにあるインテリアショップに、わざわざ足を運ぶ人はほとんどいなかったからです。

家づくりの打ち合わせで都田建設に来てくださったお客様が、帰りにショップに寄って、商品をご購入いただく。そんな程度の商売でしたから、1日の売上は平均して5000円ほどでした。

乏しい売上とは逆に、ショップはそこそこの広さがありましたから、働いているスタッフは3名を配置していました。ショップ内には多くの商品の在庫。そんな状態が1～2年続きました。

別の箇所でも書きましたが、そもそも建設とは直接関係のないような事業を始めることに疑問を持つメンバーもいました。私のなかにある未来のビジョンでは、相乗効果を生むと信じ抜いていましたが、外部の方から直接言われたこともあります。「何であんなお金にもならない、大赤字のインテリアショップなんかやっているのか」と。

そうはいっても、お店は多額の費用をかけて建設・オープンしていましたし、なかにはこだわりぬいた、自然に優しい商品やオーガニックワインなどが大量に置かれています。やめるわけにもいかない状況でした。もちろん、そんなつもりは一切ありませんでしたが。

食品には賞味期限もあります。社員に「クリスマスや夏休みといったイベントでワインやプレゼントを買うことがあったら、割引するから自社のインテリアショップで購入してくれないか」。そんなことまでお願いするようになっていました。そして私自身が誰よりも買っていました。実際ワインに関しては、私がかなりの本数を購入し、毎日のように飲んでいました。

ただ先に書いたような在庫などの理由とは別に、この店を閉鎖しようと思ったことは一度もありませんでした。

都田建設の念いを具現化していくドロフィーズキャンパスは、これからの企業活動に絶対必要だと思っていましたし、土地を貸してくださった地元の方にも失礼にあたる。そう思っていたからです。

また続けていればどうにかなる。なんとなくですが、そんなふうに漠然と考えている自分がいました。

ただ今から思うと「潰さないで続ける」との念いはありましたが、それほど強いものではなかったような気がします。何かを変えるとか、仕掛けをするとか、実際の行動を起してはいなかったからです。

そのような状況でしたから、次第にショップスタッフのモチベーションも下がっていきました。ましてや当時はドロフィーズキャンパスのスタート直後。今のように75名全員の価値観が共有しているような状態ではありませんでした。

そのため、ショップのスタッフとはよく衝突しました。あるとき私が強く念いを伝えたら、2人のスタッフが辞めてしまいました。今思えば、ショップのスタッフも店の売上がなかなか上がらないことでまわりのメンバーからの視線が気になる環境にいるのが辛かったのかもしれません。すべて私の責任で、申し訳ない気持ちで一杯でした。

ところが辞めたメンバーがいるなかで、コツコツと努力しながらひたむきに続けるひとりの若い女性スタッフがいました。彼女がインテリアショップを大きく改革します。

それだけではありません。彼女はその後現在に至るまでのドロフィーズキャンパスの成長を牽引していく存在になるのです。しかし当時の私は、まったくもってそのような未来になるとは想像していませんでした。

強く思えば叶う

インテリアショップを大きく変革した彼女とは、ふだんは「ゆりちゃん」と呼ばれているインテリア・アーティストの木野ゆり奈です。入社当時の年齢は20歳でした。今は都田建設に4人いる執行役員のひとりでもあります。

ドロフィーズキャンパスに点在する全施設、お客様の動線、ディスプレイ、情報発信、施設に置かれている商品のすべての質を高めながら、ドロフィーズ全体のブランディングまで考える、会社の中心メンバーです。

そんな彼女ですが、入社当時はインテリアショップと同じく、なんとなく好きなインテリアの仕事を続けているものの、自分から何かチャレンジしようとするタイプではありませんでした。ただ、彼女は強い念いを持っていました。そしてことインテリアショップに関しては、私に勝るとも劣らない強い念いを持っていたと思います。

高校時代からインテリアに興味を持っていた彼女は、インテリアの学校を卒業した後、お洒落な雰囲気の設計事務所を選び就職し、念願かなってインテリアの仕事に張り切って臨んでいました。しかし、入社した会社は、自分が思ったような環境でありませんでした。人間関係の悩みです。

メンバー同士がお互い無関心で、自分の仕事だけを淡々と進めている。1日中誰とも会話をしないこともざら。わからないことがあって質問しても、仕事を邪魔するなと言った感じで、嫌な顔をされる。そんな殺伐とした空気感が漂っていたそうです。

設計事務所ですから、夜遅くまで仕事をすることもざらだったようです。しかし、先のような雰囲気ですから、用事があって帰りたい日も、言い出せる雰囲気ではない。ましてや言ったところで、嫌な顔をされることはわかっている。

そんな環境にしばらく身を置いていたら、もともと明るい性格の持ち主なのですが、次第に心が曇っていき、精神的に病んでいくような感覚に陥ったそうです。何事もあきらめず、簡単にものごとを投げ出さない誠実な性格だけに、勇気をもって「このままここにいてはいけない」と転職活動を行い、都田建設に入社してきたというわけです。

彼女はインテリア以外にも、学生時代は吹奏楽部に所属し、音楽に熱中したことがあるなど、一度これだと決めると、熱を入れてやるタイプであることも後で知ったのですが、入社当時から3年目までは、私にはそれほど感じることは正直ありませんでした。

実際、社会人経験はほとんどないようなものでした。

しかし、彼女は、今の私たちが最も大切にしているものを持っていました。「成長したい」「本気になりたい」「人として成長したい」という人間性です。そんな念いが、ある日彼女の口から聞かれるのでした。

まったく売上の上がらないインテリアショップを自分の力で何とかしたい、そのような強い念いがあっての行動ならびに発言でした。

当時、お店に置く商品は、ある特定業者からほとんどを仕入れていました。その業者の担当者の態度が、向こうからすればお客様に該当する私たちに対して適切ではないと、彼女は私に言ったのです。私たちが一番大切にしている顧客ファーストではないと。

もちろん、どの会社でも担当者の接客がその会社のイメージそのものであり、同じ経営者として現場とのズレが知らないところで起こっていると私は理解していました。

その仕入れ業者の幹部に、担当者の態度が悪いから直してくれと言いづらいのは明白です。気分を害して商品を卸してくれなくなったら、それこそショップに置く品がなくなってしまいます。

そこで私は彼女に「自分で仕入先を開拓したり商品を選んでいるわけでもないのに、何を生意気なことを言っているんだ」と、彼女の「接客」をするうえで大事な価値観をうれしく感じながらも、あえて厳しく言いました。そうしたら彼女は「それなら、これからはすべての商品の仕入先の開拓とセレクトを私がします。やらせてください」と言ったのです。

当時は、まだ会社に入ったばかりの3年目のメンバーです。インテリアに関する知識だけでなく、小売ビジネスの経験も希薄な彼女が、強い口調で私に言ってくるのです。表情や眼差しには、強い念いと意思が宿っているようにも見えました。そこで私はさらに語気を強めて「本当にできるのか」と問いました。すると彼女は「できます」と言います。「いやいや、今までのような甘い気持ちではできない！」と私が再び返せば、**「やります、できます、やらせてください」と言います**。責任を背負うという「本気」を見ていました。

そんなやり取りがかれこれ2時間ほど続いたでしょうか。最後のほうは彼女は涙を流しながら、私に懇願していました。私はそんな彼女の本気度に心が動き、インテリアショップを任せてみようと思ったのです。

結局、その場では業者からの仕入れがストップすることはありませんでしたし、仕入れ先の社長も担当者に対し、しっかりと接客することを徹底しましたが、彼女は私に言い放った言葉を実行しました。1年後には言葉どおり、すべての商品の仕入先からセレクトまでを彼女が管理するようになりました。そして、気がつけば大赤字であったインテリアショップの売上は約10倍にまで伸びていました。

さらに彼女の本気とエネルギーはインテリアショップで留まることなく、壁に貼ってあったドロフィーズキャンパスの夢を次々と実現させていくことになります。現在は、ドロフィーズキャンパスの統括マネジャーとなり、都田に広がる敷地全体を美の表現によってライフスタイル提案にトライしています。そして、厳しさと優しさの愛によって約30人のチームメンバーをまとめているのです。そのエネルギーの源はドロフィーズを通じ、**「この日本により丁寧な暮らしを、そのために人の心を美しく、そして私たちが世の中の憧れの存在になる」という志があるからです。その念いはフィ**

ンランドまでも届いています。

私は、彼女のような会社を支えてくれるスタッフが都田建設に入ってきたのは、偶然ではなく必然のように感じています。それは、私がドロフィーズキャンパスを実現させたいとの夢を強く持っていたこと。夢をあきらめずに、持ち続けていたからに他ならないのではないかと。

そして、このような本気の念いが、人を引き寄せるのではないのか。同じような夢や念いを持つ仲間を引き寄せ、結果として大きな夢の実現を成し遂げていくのではないのか。その後のドロフィーズキャンパスの成長や新しく入ってきたメンバーを振り返ると、そんな風に思えてなりません。

そして、人を引き寄せるには、相手を思いやる心、優しい言葉を使うことも重要なのではないかと。

会社のメンバーはもちろん、都田建設の夢実現に協力してくださる職人をはじめとする協力パートナーを見ていると、いつもそのように思いますし、長い時間をかけて、学ばせていただいたことでもあります。

叶えたい夢がある。実現したい目標がある。そのような方は、改めて自身の念いの強さ、ふだん使っている言葉や他人に対する立ち居振る舞いを考えてみてください。変えることで、夢の実現が一気に動き出すかもしれません。

カンボジアに学校を建てる

特に人の上に立つリーダーや経営者は、目先の売上ももちろん大事ですが、**今の自分ではちょっと手が届かないが、社会にとって「やる意味」がある夢を持ち続けることが、会社経営においては大事なのではないかと考えています。**

そして、その夢は増えていったり変わることはあっても、中心にある核の部分は決してブレないことも。

もちろん夢を持つのはリーダーだけではありません。実際、全社員が夢を持つこと大切にしている都田建設では、メンバー一人ひとりが夢を持ってほしいと考えます。

そして実現に向かい、努力することで、実際、叶ったものもあります。

先に登場した、リーダーのひとり、ごっちゃんの夢です。

彼の天才である心の優しさとまわりを活かすことに秀でていることと、そして夢を持つことの大切さを子どもたちに伝える活動をしていることもあり、10年ほど前から、カンボジアに教育施設を建設したいとの夢を描いていました。

昨今は経済発展著しいカンボジアですが、いまだに教育を受けられない子どもたちが大勢いること、また字が読めない大人が約6割もいることが現状であり、その解決策の一貫として貢献したいというのです。

私はなんとかごっちゃんの夢を叶えたいと、彼と一緒にカンボジアを訪れ、現地を視察しました。その後、ドロフィーズキャンパス内に募金箱を置き、訪れた人が寄付してくれたお金が貯まったら教育施設を建設しようとの話でまとまりました。

会社がお金を出すのではなく、募金という形にしたのは、ドロフィーズキャンパスを訪れてくれる人の多くが共感してくれる、都田建設の価値観そのもののプロジェクトだと思ったからです。そして、お客様のお気持ちも加われば、もっと強い念いになるのはないか、募金してくださった方々は教育施設が建設された際にはきっと喜んでくれるだろうと思いました。

募金箱を設置してからおよそ10年。夢は図書館というカタチで実現しました。昨年

2019年2月に図書館棟が完成したのです。その後も近くの学校にトイレがないということで、トイレも必要とのことで建設しました。そして、本当の意味での教育施設となるために、子どもも大人も読める本や絵本を継続して届けるため、募金活動は続けています。本の寄贈も始めています。

夢を持ち続け、そして日々あたり前のことをバカにせず努力していると、いずれその夢は叶うのです。

地方再生にかける念い

なぜ、地方再生はうまくいかないのか

地域再生、地方再生が注目されるようになってから、かなりの時間が立ちました。同問題を専門に扱う企業やコンサルタントの姿も見られます。国も地方創生担当大臣といった役職を設け、取り組んでいます。

しかし、その多くがうまくいっていないと聞きますし、実際、そう見えます。そのようなうまくいっていない事業の担当者が私たちを訪ねてきて、「何かアイデアやヒントをくれないか」「コンサルタントをしてくれないか」という問い合わせをいただくこともあります。

私はそもそも実業が好きなこともあり、コンサルティングの仕事に魅力を感じていませんから依頼を受けることは基本的にありません。

ただ相手の本気度が伝わってきたり、地域住民が本当に困っていると感じたら、話をお聞きし、意見を伝えさせていただきます。

しかし、そのような状況にいる人から話を聞けば聞くほど、なぜうまくいっていないのか、都田ドロフィーズがこの街をつくり、魅力を高めようとするスタンスと大きく異なると感じてしまうことが大半です。

うまくいっていない人たちを見ていると、ある共通項が見えてきます。大前提である、**「その再生事業は本当に地域住民のためになっているのか」という核の部分が欠落していることが大半だからです。**

よく見られるケースのひとつは、地域の広大な土地を買い上げ、もしくは借りるなどして、テーマパークのような施設をつくるケースです。またはブランドイメージをつくり小手先で売ろうとするケースです。

大手不動産会社などが資本力を武器に、「人が大勢来ればお金もまわり地域が潤う」というような甘い言葉を餌に、ある意味、地域住民と歩調を合わせようとせず、反対住民の声なき声をくみとろうとしない。自分たちのアイデアに酔いしれていると、そこに長く暮らしてきた人たちの心を置き去りにしてしまうのです。

最初の数年間は物珍しさや、資本力を活かした広告宣伝効果などで、お客様は訪れるかもしれません。しかし、私たちから見れば、そのような小手先の地域再生が長く続くとはどうしても思えません。一過性のブームにしか見えないからです。実際、地方に建てられた多くのテーマパークの行末を見れば明らかです。

身銭を切る覚悟はあるか

国が助成金などを出し進める事業も、長期的には大抵うまくいかないように思います。やはり**身銭を切ると切らないでは、覚悟や本気度の熱量がまったく違うと思うからです。**

特に資金の捻出に関しては、国などに頼っていると、現場で揉めることが多く出てきます。身銭を切る・切らないで議論がこう着してしまい、そこから先に進まない。そんな話もよく聞きます。

これは聞いた話ですが、ある地方で活性化のために、ファーマーズマーケットのようなイベントを開催したそうです。

主導はその地域の自治体で、イベントの告知にかかったチラシやラジオでの宣伝広告費などは自治体が負担しました。当日は100人を超える参加者が、それぞれのブースに陣取り、無農薬野菜などを販売しました。

ブース自体も自治体が用意したそうです。設置も自治体担当者が行いました。参加者の基準は、「地域活性に興味のある人」。謳《うた》い文句は「無料で出店できる」でした。

イベントが始まると、ある問題が発生しました。参加者の多くから「椅子がない」というクレームがあがったというのです。

自治体担当者としては、椅子ぐらいはさすがに参加者が用意するだろうと考えていたようなのですが、参加者の多くからは「無料と書いてある」との声が大半。

そもそもイベントの目的は地域活性です。地域活性を本気で願う人たちであれば、椅子ぐらいは自分で用意するはずです。言い方を変えれば、無料だから参加した、自治体が費用を出してくれるならやる、地域活性は後回し、後づけ。私にはそう感じられます。

説明するまでもありませんが、ドロフィーズキャンパスに建つ施設は、すべて都田建設の身銭で建設し、運営しています。そして、私たちの取り組みに対して、住民の方々が「今、どう感じているか？」を毎日気にかけ続けるのです。

少し離れた都田駅も、駅の所有者である鉄道会社から借りています。その駅カフェのリフォームに関する費用や運営費も、すべて私たちが出すからこそ、何が何でも活用していこうという意志が続くのです。

「身銭を切る」は本気になるためのひとつの手段であり、大切なのははじめからまわりに頼るのではなく、「自分がなんとかする」というエネルギーです。

何が何でもやり切る覚悟はあるか～リーダーの存在

ドロフィーズキャンパスも、最初はうまくいきませんでした。もしあのままの状態がもうしばらく続いたら、もしかしたらドロフィーズキャンパスはなくなっていたかもしれません。その可能性も十分あり得るほど、インテリアショップの売上はひどいものでした。

でもそのような覚悟、リスクをとってまでも、自分たちの夢を叶えたい。そのような強い念い、覚悟があったから突き進んでいけたのです。そしてその先に、結果として多くの人が集まり、地域住民からも喜んでもらえる場所に育ち、地域活性へとつながりました。

国や自治体にお金を出してもらうとしても、覚悟や念いが強ければ、事業はうまくいくこともあると思います。これは地域活性事業に限りませんが、事業の成否を分けるのは、やはり「強い念い」だと思うからです。そしてうまくいかない事業を見ていると、そのような強い念いを持つリーダーの欠如が顕著な場合が大半です。

浜松からほど近い田舎にある廃校になった中学校の校舎を利用して、地域活性をしたいとの相談を受けたことがありました。廃校をお洒落にリノベーションし、カフェを運営。クリエイターなどを呼んで、アトリエのように使っているとのことでした。ところがいざ運営を始めてみると、思ったようにうまくいかない。私の力でなんとかできないかという相談でした。

私に頼っている時点で、「あっ、これは難しいな」と直感しました。聞けば、開催者は地域活性関連のイベントに興味を持っていることは伝わってきましたが、本当に地域を活性したいのか、覚悟を持って身銭を切ってでもやり抜く、成功に導く覚悟はあるのか。その姿勢が伝わってこなかったからです。

念いが弱いからなのでしょう。数回開催し、うまくいかなかっただけで、私のところに相談にきたわけです。成功する人であれば、私のところに相談するのではなく、イベントの関係者全員を集め、今後についてどうしたらよいか、まずはそのような場を開催すると思うからです。

そしてこのままでいくと赤字になるとわかれば、マイナス分の費用は誰が出すのか。そしてここからが一番大事なことですが、最終的な責任は誰がとるのか。お金のことも含めたリーダーの所在をハッキリさせるはずだからです。

その上で、本気であれば赤字を出しながら事業を継続していくと思いますし、続けたいと思えば、どうやったら事業として利益が出るのか。そちらのほうに思考がシフトすると思うのです。

限界集落などからも私のもとに相談は来ますが、私は必ずこの「本気度」「覚悟」を見て、具体的な話をするかどうかを決めています。

お客様視点を忘れていないか

先に紹介した顧客ファーストの内容につながりますが、地域を訪れる観光客やお客様の視点が欠如している地方再生事業もよく見られます。

たとえば、あるフルーツが地元の名産だから、それに関するスイーツをつくってみよう。それをモチーフにしたゆるキャラや着ぐるみをつくって、地元のPRをしよう。

そのような事業です。私にはそのような事業が長く継続して成功するとは思えませんし、そもそも根本的に考え方が間違っているのでは、と思えてなりません。

まず、そのフルーツは多くの地域で採れるものではないか。PRしたい、PRに使いたいのは地元の方の考えであっても、お客様がそのフルーツのイメージをどう感じているのか。その地域で食べたいのかどうか。それにまつわるゆるキャラを見て継続的に楽しむかどうか。ビジネスを進める上で最も大事だと私が考えている核の部分が忘れられているように思えてならないからです。


都田建設がある浜松市でも、まさにそのような事業がよく見られます。徳川家康が天下統一の足がかりとした出世城・浜松城があるからと、家康を全面に出して行うイベントがいい例です。

先のフルーツの例と同じく、家康の着ぐるみをつくってみたり。最近ではNHK大河ドラマで井伊直虎が取り上げられたことを受け、直虎の着ぐるみをつくって、観光事業のPRに活用しているようです。

そしてこのような事業を市が先導して、身銭を切らずに税金を使っているから市長もノリノリで着ぐるみなどを着て行っています。おそらくやっている担当者たちは楽しいのでしょうし、やりがいを持って取り組んでいる人もいるのでしょう。でも私から言わせれば、一番大事な顧客目線が抜けているとしか思えません。

家康が好きな人であれば、別に浜松市でなくても構わないからです。直虎に関しては、今はドラマが放映されてからそれほど時間が経っていないため話題となっていますが、**いずれブームは去るでしょうから、多くの人が興味を持たなくなる。そう思えるからです。長期的なブランド戦略がないと、かけたコストが未来にブツ切れとなってしまうのです。しかも税金を使って。**

私たちの場である浜松市のなかのさらに田舎である都田は、率直に言えば、特に自慢するもの、ＰＲできるものはありません。温泉もありません。これといった特産品もありません。そのため以前は「猫も歩かない田舎」と揶揄されたほどで、人口もわずか６０００人。若者は故郷に魅力を感じず、都市部に流出。地域住民の大半は高齢者です。

正直に話せば、実はこの田舎な感じが、私は最初はあまり好きではありませんでした。先も触れましたが、別の場所でドロフィーズキャンパスを実現しようと考えたこともあったほどです。

環境が悪いから客が来ないんだ。ここは夢を叶える土地ではないんだ、と。もっと正直に話せば、ある程度施設が建つようになってからは、「古い町並みにフィンランド風の建物は合わない。古民家の壁を白く塗りたい」。そんな風に考えたこともありました。

どこにでもある田舎の田園風景の中に、フィンランド風の建物がちらほら。正直、違和感しか感じていませんでした。私の夢、目指していた街は、当初は統一感のあるものだったからです。

でも当時の私の考えは、先のフルーツや直虎と同じ、お客様目線ではなく、私目線だったのです。そしてそのことを教えてくれたのは、お客様でした。

あるとき、お客様からこう言われました。「日本の田舎のどこにでもある田園風景や古民家と西洋・フィンランドの建物が、妙にマッチしているよね」「何もないスローな環境が心地よい」「都田ってこんなに美しい町なんだ」と。

そこからはもう一気に、今の都田ドロフィーズの価値醸成の道が見えました。お客様が楽しんでいただけるかどうかを第一に考え、あれこれと試行錯誤しながらでしたが、チャレンジを続けていったら、目の前にあるすべてのものが、お客様にとって価値のあるもの、楽しんでいける場になっていけるということです。

私たちはたまたまひとつの国フィンランドでしたが、地域によっては、人をワクワクさせる別の方法や仕掛けがあると思います。そして、そのような仕掛けや方法は、覚悟を持って夢の実現に取り組んでいれば、いずれ必ず見えてくる。そんなふうに思っています。

ですから、これだけははっきりと言えます。**場所は関係ありません。本気の覚悟とお客様視点を忘れずに努力を続けていれば、どこの地方でも必ずや地域再生はできる。私はそう思っています。**

譲れば叶う

神社を再建

ビジネスにおいても人間関係においても、私はこれまでの経験であることを学びました。

それは「**譲れば叶う**」ということです。

特にビジネスにおいては、この仕事をやったらどれだけの利益が得られるのか。そのような費用対効果をどうしても意識します。その気持ちも当然大事です。

また人間関係においても「貸し借り」「損得」という言葉があるように、何か人に頼まれたときに動くかどうかは、それをやると自分にどんな得があるのか。そのような損得感情で動く人が少なくないと思います。

でも、私は自分の得や私利を考えることなく、目の前の人が困っていたり、その困っている人から何かを頼まれたりしたり、もう無条件で自分の分度のなかで応えるべきだと思うのです。そして、そのような行いが、己の人間性を高めることにつながるのはもちろん、ビジネスでの成功やさらなる良き人間関係の構築につながると、肌身を持って体験してきました。

ドロフィーズキャンパスには、ここ都田が開墾されてから永きにわたり立ち続け、地域の憩いの場であり、祈りの場でもあった神社があります。一時期は地域住民の憩いの場であった神社ですが、人口減少、特に働き手である若者の流出により、氏子の数も同じように減少。氏子の代表である総代職も6人にまで減るなど、神社は次第に寂れていきました。

人口減少の結果、手入れやメンテナンスすることも次第に難しい状況になりました。

そのため、私たちがこの場所で仕事を始めたときはもうかなり傷んだ状態になっていました。

減りはしましたが、氏子さんはもちろん今でも年に数回集まり、ささやかにお祭りをします。そしてできれば、神社を新しく建て替え、以前住民が大勢住んでいたときのように、盛大に夏祭りを開催したいとの願いを持っていました。

しかし、総代さんたちはみな高齢で、中には大病を抱えている人もいました。金銭的な面からも再建は難しい。どうしようかと頭を抱えているということを私は知りました。私はすぐに「再建させてください」と申し出ました。

すでにそのころにはドロフィーズキャンパスには多くの施設が建っており、建物が立つ土地は、先ほども書きましたが地域住民、つまり氏子の方からもいくつかの土地を借りているものでもありました。そのような関係性もあり、恩返しがしたいとの気持ちがあったからです。

恩返しの気持ちは都田建設の創業者であり、都田に住む現会長の念いでもありました。地域の方に家づくりで貢献することは、私が転職活動の面接で都田建設を訪れたあの日に、12帖ほどの小さな事務所に貼ってあった会長の夢でもあります。

申し出をしてから2カ月後には再建工事を開始。宮大工を中心にふだんからお世話になっている職人さんたちの手によって、見事、神社は再建。再建時には念願でもあったお祭りを、お祝いの気持ちも込めて盛大に行われました。

お祭りでは神社から疎遠になっていた人たちが大勢来てくれました。都会に出ていった若者も多く戻ってきました。ここ数年にはなかった大賑わいで、6人の総代の方はもちろん、地域住民は大変幸せそうでした。

私たちはただ恩返しの気持ちの表れとして神社をつくっただけです。しかしその後、私たちと地域住民の関わりは、以前にも増して深まりました。私たちに対する見る目、評価が変わったとも言えるかもしれません。

キャンパス内で地域住民の方とすれ違う度に「ありがとう」の言葉をいただくことがしばらく続きました。中には「リフォームをお願いしたい」と言ってくださる住民もいました。

さらには神社再建の話を聞き、都田建設で家づくりをしたいというお客様も出てきました。このようなことは**まったく意識して行ったことではありませんが、結果として会社の信頼につながり、ならびにお客様が増える結果につながったのです。**

私たちも何でもかんでも念いや希望に応えるわけではありません。**「助け合い」という言葉を上手に使い最初からないものねだりをするような人や企画に興味はありません**。念いは利己的ではないか。誰かのため、地域のため、社会のため、環境のためになっているか。念いは強いか。本物であるかどうか。自ら行動しているか。責任をとる覚悟があるか。これらのことが確認できたときに、できる限り全力で応えています。

実際、神社の再建では、次世代にこの神社を残したい。残すことが地域のためになる。地域ならびに地域住民への愛を感じたから行ったのでした。

冒頭に紹介したフィンランドのお神輿もまったく同じです。ただのパフォーマンスとしてお神輿を担ぐのではありません。日本のことを好きなフィンランドの人々に、日本の文化を知ってもらいたい。現地で暮らす日本人の子どもたちに、本物のお神輿を見せたい。フィンランドで長く暮らすたった一人の日本人のまさに**強い利他の念い**です。ですから力になりたい。そう思い、手伝わさせていただいたのです。

無条件の利他が本物の信頼関係を育む

相手との深い信頼関係を築く際にも、利他の心は重要だと考えています。これは私が社員によく話しているエピソードですが、友人からお金を貸して欲しいと相談を受けたときの応対です。

「お金を貸すのはいいけど、私ができる金額の範囲でいいかな。あと○○日までに返してほしい」

これが1人目の応対です。一方、2人目は

「大丈夫?　私に相談してくれてありがとう。お金はもちろん貸すし、他にも困っていることがあったら、何でも相談に乗るから言ってね」

どちらもお金を貸してくれるとは言っています。でもやはりどちらの反応がうれしいかというと、私は2人目だと思うのです。損得ではなく、大切な人に対する愛からの言葉です。

どんな場面でも相手のために、相手が喜ぶことを考え、言葉を発したり行動できる。この反応の気持ちよさがあれば、どんな業種でもどこの場でも、強く深い人間関係が構築できると私は思っています。

愛は自分から積極的に

ドロフィーズキャンパスのまわりには地域住民69世帯が暮らしています。先に書いた神社再建などもあり、今ではとても良い関係性を築けています。

ただ最初からそうだったわけではありません。住民のなかには、私たちがやっていることに対し、あまり快く思っていないように見られる方もいました。

そして私たちも、そのような方に対しては他の住民のように積極的にあいさつしたり、コミュニケーションするようなことはありませんでした。

しかし、そのようなネガティブの態度をとっていると、ますます関係性は冷えていきました。

そこであるときから思い切って、こちらから積極的にあいさつをしたり、何か困っていることはありませんかと、声をかけるように変えました。

話すようになってからわかったことですが、その方は別に、私たちのやっていることを否定していたわけでもなく、都田建設のことを嫌いだったわけではありませんでした。

ただ他の住民とは違い、土地の貸し借りといった私たちとの接点がなかったために、何となく、どのように接していいかがわからなかっただけだったのです。

愛は、誰に対しても自分のほうから積極的に伝えておく。その方から学んだことでもあります。

今ではその方は、他の住民と同じようにキャンパス内ですれ違うとにっこり微笑んであいさつしてくれます。また先日、私たちが道路工事中に誤って地域の水道管を傷つけてしまい水が溢れ出たときには、率先して手伝ってくださいました。そして、その姿からは損得関係ない、私たちへの利他の愛が強く感じられました。

フィンランドからの留学生

日本とフィンランドには共通点が多いと紹介しました。そして、フィンランドをはじめ北欧的なものや雰囲気が好きで、憧れる人は少しずつ増えています。

日本人がフィンランドのことを好きなように、フィンランド人も日本にとても興味を持っていて、マンガやアニメ、コスプレといったサブカルチャーを好きになる若者も多く見られます。

そして、**そのような日本好きなフィンランド人のなかには、もっと日本を知りたい、日本語を勉強したい、日本に実際に行ってインターネットや雑誌だけでなく本物の日本の文化や人々、建物などと触れたい、と考える若者が少なくありません。**私たちがフィンランドに頻繁に訪れているのと同じような思考です。

そこで私が代表理事を務めている浜松フィンランド協会では、フィンランドから高校生や大学生を招待し、約1カ月間、日本を体験できるプログラムを実施しています。観光ではなくあくまでボランティアと学びとしての招待ですから1日4~5時間、ドロフィーズキャンパス内の店舗で私たちと一緒に接客の体験をしながら、日本ならではのおもてなし、チームとして業務に取り組む姿勢などを学んでもらっています。

また日本ならではの風景や建物を見てもらったり、私たちとのコミュニケーションを通して、日常で使う生きた日本語にも触れてもらっています。

同プロジェクトに係る費用は、全額都田建設が浜松フィンランド協会を通じて出しています。フィンランドの中高生が真剣に日本語を学び、将来は何らか日本とつながる仕事をしたいと考えている若者たちが都田に滞在し、全身で日本を体感します。私たちドロフィーズスタッフもたくさんの学びをもらえるから、互いに気づき、高め合う機会となっています。

今以上に日本を好きになるフィンランド人が増えてほしい。本物の日本を知ってもらいたい。これまでもこれからもお世話になるフィンランドに恩返しがしたい。このような念いで始めたプロジェクトですが、実は私たちのほうが多くのことを得ているように感じています。

彼ら・彼女らがフィンランドで思い描いていた日本と実際に来てみてからの日本が違うように、私たちがイメージしているフィンランドの文化や暮らしも、実際に現地で暮らしているフィンランド人留学生と会話をしていると、イメージと異なっている場合があるからです。つまり新たな気づきなどを得られる場合が往々にしてあるのです。

先にも紹介したフィンランド人は一生の間にひとつの椅子を大切にずっと持ち続けるといったエピソードも、この留学による交流で初めて知ったことでした。

ドロフィーズキャンパスのショップに置いてある、フィンランドグッズの具体的な使い方や、食などにおいても新たな気づきを得ることも多いです。

私たちは実際にフィンランドに行き、どのように使われているかを理解したうえで扱ってはいますが、やはり今のトレンドといいましょうか、多少、異なる場合があるからです。

そうして得た最新の情報を、私たちは商品のストーリーとしてお客様に伝えることができています。

また、日本では「世界一幸せな国」「世界一教育水準の高い国」というイメージの強いフィンランドですが、一般にはあまり知られていない情報を知ることもあります。たとえば離婚率が高いことです。そして、そのことに対してどう考えているかということも知ることができます。

離婚はもちろん喜ばしいことではありませんが、フィンランドの場合、女性が自立して働ける環境が整っているためによく起きることであり、日本のシングルマザーのように生活が社会的な要因によって困窮してしまわないことも同時に教えてくれました。

そして何より一番の学びは、フィンランド人の人間性を知ることができることです。一言で説明すれば「ピュア」。無邪気でありながらも、話す際にはどこか恥ずかしそうで、立ち居振る舞いも同じくシャイです。

そんなピュアなフィンランドの留学生を見ていると、改めて**私たちの人間性についても、「初心」「原点」「素直さ」などの大切さを考えさせられるのです。**

いずれは彼ら・彼女らがフィンランドと日本を行き来するような、そんな未来を送ってもらえれば。彼らとの遠くない未来が見えています。

棟梁育成学校

都田建設には、全国でも数少なくなっている宮大工がいます。小林正男さんという棟梁です。

ご存知のように、宮大工は全国各地に建つ神社仏閣を専門に手がける大工さんで、住宅などを建てる一般の大工さんに比べ、手仕事の高い技術力を持っています。

高い技術力は、神社仏閣の多くが数百年以上経った今でも建存しているのを見れば、明白です。実際、小林棟梁の腕前は他の棟梁からも尊敬され、目標としている大工さんもたくさんいます。

継手《つぎて》という、木材と木材をオス・メスに加工し継ぎ合わせる技術があるのですが、その加工の様子を見たら、もう、どのように木材が組み合わさっているのか。伝統工芸であるほど、ぱっと見ではまったくわかりません。

組み方がわからないのですから、継手をほどこうとしても、できません。まるで知恵の輪やパズルのような、そんな木の加工を手の技術で行うのです。

ドロフィーズキャンパスの建物は、この小林棟梁がほとんど建てています。棟梁の技術を学びたい人が大勢います。

大工さんのなかには無償でも構わないから小林棟梁と一緒に働いて、技術を学びたいという人もいるほどです。そこで小林棟梁から一般の大工さんが学べる場が実現できないかと私たちは考えました。

このような念いからできたのが、キャンパス内にある「棟梁育成学校」です。名前は学校となっていますが、実際には棟梁が仕事をする際に、棟梁の技術を学びたい大工さんに働きながら技術を学んでもらうのです。

また週末などには先の継手も含め、棟梁の腕前をキャンパスに来場したお客様などにも紹介しています。継手はまるで知恵の輪ですから、特に子どもなどはどうやったら解読できるか。目の色を変えて、夢中になって取り組んでいます。

木の薄皮が見事に削られる鉋《かんな》の実演も、盛り上がるイベントのひとつです。道具の使い方など、ちょっとした木工教室のようなことも開催することもあります。

棟梁育成学校からも、私たちは多くのことを学ばせてもらっています。技術はもちろんですが、人としての立ち居振る舞いです。私たちが大切にしている「人間性」とも言えます。

小林棟梁は、とにかく人柄が優しいのです。日本で数少ない技術を持つ宮大工なのに、一切偉そうな素振りはありません。先に書いた、左官職人の高橋さんと同じです。**それどころか大変勉強熱心で、新しいことにチャレンジする意欲をいつもお持ちです**。たとえば私がそれまでとは違うアイデアをお願いしたとしても「それ、面白そうだね」と、まるで子どものように目をキラキラ輝かせて興味を示してくれます。他の大工であれば面倒くさがるような内容であっても、です。

一言で説明すれば「**ピュア**」なのだと思います。だからなのでしょう。ドロフィーズキャンパスに来られる子どもと一緒になって、絵を描くことなどに夢中になっていたりもします。

このようなお人柄ですから、他人の悪口を言ったり、批判するようなことも一切ありません。棟梁の技術とは対局とも言える、昨今のあっという間に家を建てる構法についても、そのような構法で家を建てている大工さんについても、否定するような言葉を発する姿は一度も見たことがありません。

小林棟梁の技術や人柄は、日本を超え、海外でも高い評価を得ています。

２０１７年９月にフィンランドで開催された北欧最大のインテリア展「Habitare（ハビタレ）」では、「日本宮大工の技と智慧」というテーマで、私と小林棟梁が登壇しました。私が先のような宮大工の技術やどのような建築物に使われているかについて話した後、小林棟梁が実際にノミやカンナといった道具を使い、目の前で木組みの実演を行いました。

正直、開催前は日本の技術にどれだけ関心を持つフィンランド人がいるのか懐疑的でした。しかし、いざ始まってみると、用意された80席では到底足りず、およそ倍の聴衆が集まる盛況振りで、立ち見の人もあわせ、みな真剣な面持ちで棟梁の技に見入っていました。

そしてイベントが終わった後には、棟梁のまわりに多くの人が集まり、羨望の眼差しと共に、技術についてあれこれと聞いていました。

イベントの評価は高く、翌年２０１８年６月にもフィンランドに招かれました。今度は展示会ではなく、フィンランド出身の偉大な建築家であるアルヴァ・アアルトの名がついたアアルト大学での講演でした。

同大学は建築や芸術に限らず、さまざまな学問を要する総合大学で、フィンランドでは1、2位を争う名門校です。**最新のテクノロジー研究などに注力しているのですが、1000年以上前から日本で続く技術を、最先端を学ぶ学生が注目し、尊敬の眼差しで見ています**。

そんな様子を見ていた私は、技術に限らず、日本の製品やサービスなども、海外で高い評価を得ているので、今回のイベントのように、積極的に海外で紹介していきたい。そう、考えるようになりました。

そこでまずは日本の宝である小林棟梁の技術ならびに人柄を、先に書いた棟梁育成学校で日本の次世代の大工さんに伝えていくことはもちろん、国内に留まることなく、世界に向けても発信していきたいと考えています。

ちなみに先に紹介した神社も、小林棟梁に建てていただきました。

上　北欧最大のインテリア展「Habitare」で木組みの実演を行う小林棟梁（左）
下　小林棟梁とは、伝統と革新についていつも語り合っている

場は変わっていくもの

実現した夢は次の大きな夢の手段となり、さらに広がる

ここまで何度も紹介してきたように、ドロフィーズキャンパスは、もともとメンバーが夢を叶える場としてつくったものでした。そしてドロフィーズの価値観の具現化でもありました。当初こそ施設はインテリアショップだけでしたが、２０１３年ごろから急激に増えていきました。これにはあるきっかけがありました。

毎日、都田ですれ違いあいさつをしていた地元の方々が、次々に「土地を無料で使っていい」と、貸してくださるようになったことです。

するとしだいに、ドロフィーズキャンパスの目的は変わっていきました。メンバーの夢実現から、土地を貸してくださった地域の方のお役に立ちたい、にです。

そう考えたとき、ここ都田ドロフィーズという場所の持つ位置づけというか意味が、当初の都田建設のメンバーの夢だけであったものから、変わっていきました。次なる大きな夢の実現に、今ある場所を活かせないかと。今、**目の前に実現しているドロフィーズキャンパスという夢を、さらなる大きな夢の手段にできないか。そう考えるようになっていきました。**そこからです、急激に施設が増えていったのは。

田舎はここ都田だけではありません。日本全国、どこにでもあります。そしてその多くが、過疎化などの課題を抱えています。その解決の力になれるのではないか。私たちがひとつの街づくりの美しいあり方として既成事実をここにつくろう、という念いで。

改めてこうして文章にすると、ほんの数行です。ですが実際には本当に少しずつ、地域の人たちと触れ合い、日々のコミュニケーションを重ねるなかで、都田ドロフィーズという場は変わっていき、そして今も変わり続けています。

こうして考えてみると、場は変化していくものだと思います。

バーベキューがいい例です。最初は福利厚生の一環的な位置づけでしたが、先に紹介したように、メンバーのためからお客様のためにと変化。そして今では都田建設への入社を希望する学生の入社説明会としての場も担い、外に向かって輪が広がるステージとなっています。

場づくりの最初のスタートは「何となくやりたい」「好き」。そのような感じでもいいと思います。ただし、そこから先の道のりは、本書で繰り返し紹介してきたとおりです。

社会のなかで何を求められる場なのか、何を提供していける場なのか。場が持つ意味やそこにいる人の価値観は自然に成長していくのではないかと。

ですから、よく「ドロフィーズキャンパスのゴールはどこですか。最終的にどのような街になりますか」と聞かれることがありますが、私は「わかりません」と答えています。場は、そこにいる人々の念いや夢で、日々進化していくものだからです。「ドロフィーズ」というブランドも、街を美しく魅力的にすることも、すべて未来に向かって世の中を良くしていく手段であり、「**ゴールは永遠にない**」というつもりで組織づくりをしているからです。

心が整う場所に

地域の方々が私たちに教えてくれたように、お客様からもドロフィーズキャンパスのこれからのあり方について、学ぶことがあります。

お客様はカフェやレストランの食事及びフランクなサービス、フィンランドのようなゆったりとした雰囲気に共感し来てくださってはいるのですが、もっと深い、本質の部分で、ドロフィーズキャンパスに来る意味を捉えているように感じるからです。

そのことは夢の実現を目標に、ここまで駆けてきた私たちが改めて原点に立ち戻って考えることとも一致しているものでした。

それは「ピュア」であることです。「謙虚な心」とも言えると思います。

週末になると大勢の人が訪れてくださり、レストランなどは数時間待たないと入れないようになりました。

でも私たちが目指しているのは、ただ繁盛している場でありたいということではありません。人が増えても、敷地が広がっても、キャンパス内の空気は変わらずスローで、スタッフの接客もより真心のこもった、程よいパーソナルスペースであること。どこを見ても、ゴミひとつ落ちていない。携帯電話で大声で会話するような人もいない。そのような場を、いつまでも続けていきたいのです。

「整っている」「浄化された気が宿っている場所」。そんなイメージです。そしてこのようなピュアな場所を維持していれば、これからも変わらず、共感してくれる人たちが自然体でこの場所を大切にしてくれるのだろうと。

偉大な経営者の多くは会社の屋上に神社をつくり、神様を祀《まつ》ったりしています。つまり、神聖な場や価値観が経営やビジネスにおいて必要なことは、実は歴史を紐解いても明らかだと思えるのです。

ドロフィーズキャンパスもそのような場所になれば。そう思っています。

都田から世界へ

宿泊施設である「白のＭＩＮＫＡ」は、私たちの価値観を一泊かけてじっくりと感じてもらいたいとの念いからつくりました。ただし、他の理由もあります。世界中の人々に都田を訪れてもらいたい。そんな念いです。

ドロフィーズキャンパスを訪れ、私たちの価値観に共感し、「都田建設の家は上質でデザインが美しいので家づくりを考える際はお願いします」とお客様から話してくださいます。

また、先ほども書いたとおり、ドロフィーズキャンパスは別の意味合いも持つように変わりました。地域再生モデルとしてもそうですし、ピュアな場所としても、です。

そしてもうひとつ。今考えていることは、私たちがここ都田で取り組んできたことが、日本各地、いえ、世界中で求められているではないかということです。

おこがましい言い方ですが、世界を良くするために役立てるのではないか。そのように考えるようになっていったのです。

このような考えになっていったのは、これまで何度か紹介してきた、ドロフィーズでボランティアをしてくれているフィンランド人学生からの言葉や評価でもありました。

フィンランドは「世界一幸せな国」と言われています。そんな世界一幸せな国で暮らすフィンランド人が、「都田建設のような会社がフィンランドにあれば絶対に働きたい」と言ってくれるからです。

彼・彼女らが特に評価しているのが、**お客様へはもちろん、困っている仲間がいたら助けてあげる、自分以外の人に対する〝思いやり〟の心です**。

フィンランド人に限らず、海外の多くの人はどうしても自分のことが最優先で、他人ことはあまり気にしません。もちろんこのような姿勢は、捉え方によっては良き点でもあります。

しかし、フィンランドからのボランティア学生が日本で見た光景は、自分のことも頑張るけれど、さらに他者にも手を差し伸べる都田建設のメンバーの姿でした。自分もまわりも、忙しいときほど、他者を気遣う姿。そしてその思いやりの心は、これまで自分たちにはなかったものだけれど、体験すると素晴らしいし、感動もしたと。

このような素直な意見を、直接私の目と顔を見て、シャイで内気な彼・彼女らが話してくれるのです。さらに自分もやってみたら楽しいし、素晴らしかったとも。

世界を見渡せば、自らの利益だけを考えている国やその指導者、私利私欲にしか興味がない財界人などもいます。果たして、そのような考えでこれから先も歩んでいっていいのでしょうか。世界は、良くなるのでしょうか。**私たちの価値観である「譲る」「まずは他人のために」。このような価値観で国も人も行動すれば、世界のあらゆる問題が解決するのではないか。そんなふうに考えるようになっていったのです。**

実際、都田建設は社員数わずか75名の地方の建設会社ですが、フィンランドという一国と直接交流したり、ＳＤＧｓの全17項目を実行していることなどから、国や国連などから認定や表彰されたりしています。

このような評判を聞き、大使館関係者、大学教授、女性経営者、大手航空会社のキャビンアテンダント、世界的ホテルグループの社長、サッカーJリーグのチームなど、枚挙にいとまがないほど多くの方々がここ都田を訪れ、何が起こっているのかを視察されています。

都田ドロフィーズのマネジメントの実践が社風力となって、個が活かされる場づくりとして、いくつかの大学にて研究対象としても活用されています。
ただ、私たちも昨日今日で、今の手法を得たわけではありませんし、これからも学びつづけていきます。そしてそのことを教えてくれるのは、お客様であり地域住民であり、そして私たちが大切にする国フィンランドであることも、これまでの取り組みから学んだことでもあります。

これまで、そして、これからの都田ならびにドロフィーズの活動を世界に発信しづけることで世の中の役に立てれば。全世界の人々が少しずつ譲り合うような、優しさがあふれる社会になるきっかけに寄与できれば。そう思っています。

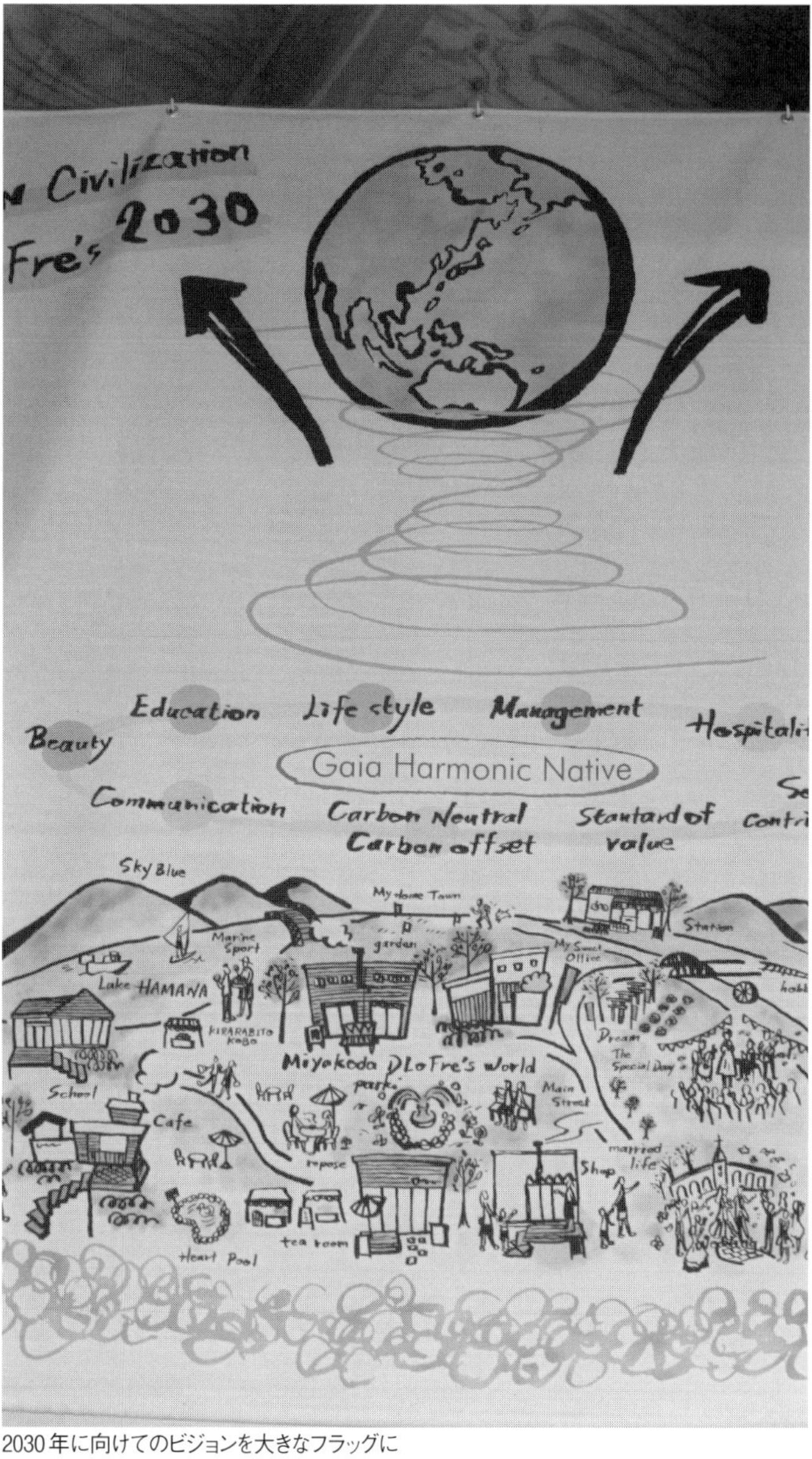

2030年に向けてのビジョンを大きなフラッグに

おわりに

2020年の元旦、私は例年どおり、都田のドロフィーズキャンパス内にある神社で、昨年のお礼と、新年の挨拶をしていました。

本殿の前で静かに目を閉じ手を合わせていると、私の頭のなかに、ある出来事が思い起こされました。もちろん、昨年2019年5月18日にフィンランドの首都ヘルシンキでお神輿を担いだ、あの日のことです。感謝の気持ちが再び湧き上がりました。

それは、イベントそのものというより、この100周年の節目となるイベントを支えてくださった方々、また日本から駆けつけてくださった方々に対してです。

そして、2020年の今年は、フィンランド在住の両国を愛する人たちが中心になって、このお神輿イベントを絶やすまいと、

2年目の開催を5月に行おうと進めています。念いがつながり、実践が継続することで、世の中に必ず変化を起こすことができます。奪い合いから譲り合いの世界へと導く取り組みを続けます。

日本には「七五三」という文化があります。そしてこの七五三には、目標や夢はその大小によって、3年で叶うものもあれば、5年かかるものもある。7年、13年と長きにわたりチャレンジを続けた結果、叶うものもあると。

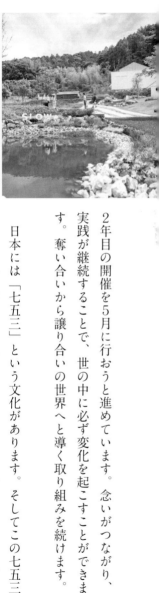

つまり場づくりにおいても実現するには、それなりの時間がかかるのです。そしてその間、念いを強く持ち続け、かつ目の前のできることを努力していなければならないことも、これまでの歩みで得た学びでした。

ひとりでは実現しない夢がほとんどです。そうした夢を実現させるには、無理やり人を集めるのではなく、叶えたいとの念いを強く持ち続けながらも、自然に身を任せることで解決することも、

これまでの歩みで学んだように思います。

本書で紹介したように、私は実業においても、フィンランドでお神輿を担ぐイベントにおいても、場を分かち合える仲間との出会いを数多く経験してきました。

逆に力ずくで得た短期的な成功は、その後に綻《ほころ》びが出ることもたくさん経験しました。

誤解を恐れずに表現すれば、共通の志を持つ者同士が必然的に会うように導かれたのだとしか思えないのです。

何かを叶えたいという方、絶対に実現したい目標がある方は、ぜひとも短期的に力ずくで成功させようと動くのではなく、回りくどいと感じるかもしれませんが、「**いずれなるべくして夢は叶う**」と信じ、今できる目の前のことに全力を尽くしてください。

時を待って、時を味方に。

本文中に書いていない夢のひとつに、ドロフィーズキャンパスに美術館をオープンさせることがあります。ただ、急いで進めて

はいません。私は、これから夢を共に実現するであろう、新しい仲間との出会いや、出会うまでの時間も楽しめるようになりました。

本書の執筆は、私にとって人生のハーフタイムというべきタイミングに改めて今日までの自分の歩みや、その時々での思考を振り返る、いいきっかけにもなりました。今思えば、幼いころの私は、私利私欲に走ることも多かったように思います。誰かに認めてもらいたいという承認欲求の塊でしたが、今はそんな自分をすべて受け入れ、認めることができます。

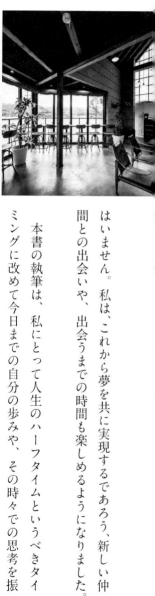

今はかけがえのない仲間、人と環境が持続する未来、暮らしが丁寧でかつ躍動するヒントが見つかる場所、誇りを持って生きる喜び、チャレンジする勇気を与えていきたい。これからも夢、愛、自由、仲間のある人生観を今この場所から伝えていきます。

今回の出版にあたり、井坂康志さん、境健一郎さんのご助言な

くして実現できませんでした。心よりお礼申し上げます。また、カバーから本文に至るまでトータルにデザインを担当してくださった中西啓一さん、構成づくりでサポートいただいた杉山忠義さん、出版への一歩をおつくりいただいたプレジデント社書籍編集部部長の桂木栄一さん、そして、時間をかけて丁寧に導いてくださった編集担当の田所陽一さんに、心より感謝申し上げます。

また、ドロフィーズを応援してくださるお客様、パートナー会社様、地域住民のみなさまのおかげで新たな学びを積むことができます。この場を借りてお礼申し上げます。

最後に、念《おも》いを一つに、共にチャレンジし続けてくれるドロフィーズ・スタッフの一人ひとりに心一杯の感謝を。

２０２０年向春　蓬台浩明

Our dream continues.....

GEN・TEN(原点)

都田建設の創業当時の事務所を再現した建物。ドロフィーズキャンパスから都田周辺が望める高台があります。初心を忘れず感謝の気持ちに立ち返り、また新たな価値を生み出す源となる空間。

叶地蔵

地域の方々に昔から愛され続けている夢を叶えるお地蔵様です。

mari & deco bar

海上コンテナをリノベーションしたお庭とつながる開放的な空間でマリメッコのペーパーナプキンを販売しています。

ドロフィーズファブリック

日本初、マリメッコ生地をはじめとした北欧生地300種類を切り売りで販売しています。

ドッグラン

自然素材の香り豊かな間伐材のヒノキのウッドチップやウッドフェンスに囲まれ、開放感のある空間で愛犬と楽しい時間をお過ごしいただけます。(※有料です)

北欧ヴィンテージ

北欧ヴィンテージ
陶器ギャラリー

直接北欧で買い付けたヴィンテージで一点もののコーヒーカップ&ソーサーを展示・販売しています。

新築デザイン

イデア棟
建築イデアルーム

ドロフィーズの家づくりは完全自由設計。お客様のライフスタイルに合わせた様々な新築デザイン模型や、施工例を特別に回覧できる空間です。

イデア棟 棟梁育成学校

モノづくりの技術を伝承していくための施設です。また、ドロフィーズキャンパスのリノベーションされた空間や、ストーリーを写真を通してご覧いただけます。

リノベーション

北欧家具・照明

ドロフィーズカフェ

ドロフィーズカフェ

体に優しいナチュラルなカフェランチが楽しめるカフェレストラン。パスタやパンケーキ、スムージー、水出しダッチコーヒーなどが味わえます。北欧名作家具に座りながら空間とともにお楽しみください。

ライフスタイルデザインセンター

築70年の古民家をリノベーションした空間の中に、ドロフィーズオリジナルチェアや100年以上超えて愛され続ける、ハンス・J・ウェグナーなどの北欧名作家具を販売しています。

ガーデニング

ガラスハウス&ハートの池

日常の暮らしを豊かにするガーデニンググッズやディスプレイグッズの販売、室内と外を繋ぐサンルームでのライフスタイルをガーデンクリエーターがご提案します。

駅 MIYAKODA cafe

GOOD DESIGN AWARD 2015

天浜線都田駅内
(営)11:00～16:00
ラストオーダー15:30
OPEN/金～月曜日

DLoFre's

Campus Map
Finland Village

キャンパス内の道路I
特にこのエリアは道
通行の際は車に十分I

ドロフィーズキャンパス内の施設は
全てオリジナルリノベーション空間。
美とクリエイティブなライフスタイル体験を
お楽しみください!

ドロフィーズ
北欧の風景と空気
ーデン。ここでしか
界を楽しめます。

北欧インテリア・雑貨

オーガニックワイン 食材

…インフォメーション
…女性専用WC
…男性専用WC
…男女WC
ドロフィーズ
インテリア
北欧家具、雑貨や食材、
体に優しいオーガニック
ワインを販売しています。
蔵で旅するbook store
リノベーションされた築100年を越える落ち着きあるお蔵で、
大人のライフスタイルをお楽しみいただけます。
point 3850
新しいライフスタイルの発見と
自らの原点に立ち返る場所とし
て「旅」をテーマに、旅雑貨と
切り花の販売をしています。
オリジナルフード&スー
ノルディック・デリ
スモーブロー、スープ、コーヒー
テイクアウトもできます。
Art & People
地元アート作品に囲ま
れながらvintage家具
に座ってcreativeな時
間が過ごせる空間。
Office
N
GOOD DESIGN
AWARD 2016
白のMINKA
日本文化と北欧デザイ
ンを融合。自然と人の
共存をイメージした宿
泊施設です。
P
9sense dining
STAUB鍋を使った大
人カジュアルランチコ
ース。ディナータイム
は自家製スモーク料理
や手打ちパスタなどが
お楽しみいただけます。
マリメッコ
ギャラリー
春夏秋冬それぞれの
シーズン限定アイテ
ムも販売しています。

ドロフィーズの取り組み

■ドロフィーズでは地球環境を考え
カーボン・ニュートラルを実施しています。
ドロフィーズで消費されるエネルギーによって排出される温室効果ガス排出総量の全てを植林や自然エネルギーの導入などによって排出削減・吸収量でオフセット(埋め合せ)する取り組みです。

■敷地内の電力は100%全てグリーン電力でまかなっております。

■ドロフィーズ敷地内ではお客様皆様の健康、子どもたちの未来に配慮し全面禁煙を実施しています。

■敷地内、ペットの進入はご遠慮願います。
(※ドッグランを除く)

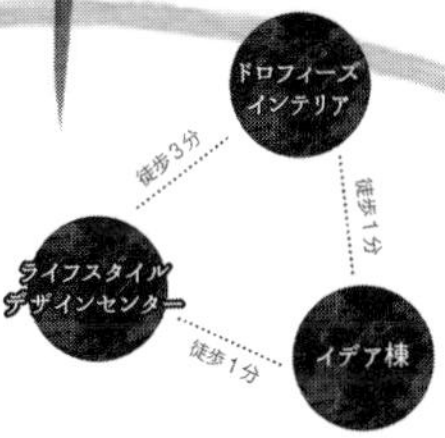

ドロフィーズ
インテリア
徒歩3分
徒歩1分
ライフスタイル
デザインセンター
徒歩1分
イデア棟

蓬台浩明

（ほうだい・ひろあき）

株式会社都田建設 代表取締役社長
一般社団法人日本フィンランド協会 理事
浜松フィンランド協会 代表理事
千葉大学工学部建築学科卒業、ハーバード・ビジネス・スクール修了
住まいづくりを軸としたライフスタイルの美、心の美、社風力による独自のマネジメントを実践。人格教育、社会貢献、収益を同時に叶えていると評価され、「日本経営品質賞・経営革新奨励賞」の受賞に至る。
浜松・都田のドロフィーズキャンパス（フィンランドヴィレッジ）には、全国から人が集まり話題となっている。独自の環境活動の革新的先進性が100年後の世界企業のあり方として評価され、国連・公式HP「ナスカ・ポータル」にも取り上げられている。
建築ランドスケープデザインにおいて、2015年、2016年にGOOD DESIGN賞に選ばれる。
著書に『社員をバーベキューに行かせよう!』『おもてなし経営』（以上、東洋経済新報社）、『お客様に選ばれる「社風力」をつくる』『人を動かすリーダーのおもてなし力の磨き方』（以上、日本実業出版社）、『吉田松陰の言葉に学ぶ本気の生きざま』『「誇り」となる会社の作り方』（以上、現代書林）など多数。

ドロフィーズキャンパス http://dlofre.jp/

フィンランドでお神輿を
新しい価値を生み出す場づくりの教科書

発　行　日　2020年2月14日　第1刷発行
著　　　者　蓬台浩明
発　行　者　長坂嘉昭
発　行　所　株式会社プレジデント社
〒102-8641　東京都千代田区平河町2−16−1
平河町森タワー13階
http://www.president.co.jp/
電話　03-3237-3732（編集）
03-3237-3731（営業）

ブックデザイン　中西啓一（panix）
D　T　P　横内俊彦（ビジネスリンク）
編　　　集　桂木栄一　田所陽一
構成担当　杉山忠義
販　　　売　高橋 徹　川井田美景　森田 巌　末吉秀樹
制　　　作　関 結香
印刷・製本　凸版印刷株式会社

ISBN978-4-8334-2333-5

Printed in Japan